一本书读懂莎士比亚

READING SHAKESPEARE IN A

BOOK

大人物系列

袁子茵 ◎ 著

沈阳出版发行集团
沈阳出版社

图书在版编目（CIP）数据

　　一本书读懂莎士比亚 / 袁子茵著 .—沈阳：沈阳出版社，
2018.3（2020.5 重印）
　　ISBN 978-7-5441-9014-5

　　Ⅰ . ① 一 … Ⅱ . ① 袁 … Ⅲ . ① 莎 士 比 亚（Shakespeare, William 1564-
1616）– 人物研究② 莎士比亚（Shakespeare, William 1564-1616）– 文学研究
Ⅳ . ① K835.615.6 ② I561.063

　　中国版本图书馆 CIP 数据核字 (2018) 第 000590 号

出版发行： 沈阳出版发行集团 | 沈阳出版社
　　　　　（地址：沈阳市沈河区南翰林路 10 号　邮编：110011）
网　　址： http://www.sycbs.com
印　　刷： 辽宁星海彩色印刷有限公司
幅面尺寸： 156mm×227mm
印　　张： 10.5
字　　数： 150 千字
出版时间： 2018 年 3 月第 1 版
印刷时间： 2020 年 5 月第 2 次印刷
责任编辑： 王冬梅
封面设计： 仙境设计
版式设计： 北　北
责任校对： 张　楠
责任监印： 杨　旭

书　　号： ISBN 978-7-5441-9014-5
定　　价： 35.00 元

联系电话： 024-24112447
E - mail： sy24112447 @ 163.com

本书若有印装质量问题，影响阅读，请与出版社联系调换。

前言

让我们随着这套"大人物系列"走近世界文豪，聆听大师们的妙言，感受大师们非凡的生活。

置身于历史的画卷，仰望文字长空的星辉，寻找人类文化历史发展的历程。从古希腊的神话、王国到中世纪的骑士、城堡，从金戈铁马的古战场到五光十色的繁华都市，从奔腾喧嚣的瀑布、河流、海洋到恬静幽美的森林、峡谷、田庄，世界文学之窗一扇一扇向我们打开，久远凝固的历史画面和丰富多彩的生活图景在我们面前展开，让我们去漫游绚丽多彩、浩瀚无边的文学世界，让我们去游历文学世界的每个角落，体会人们的情感、爱恋、幸福以及痛苦、忧伤、希望……

在品读这些经典原著时，我们体会着大师们灵动的语言，共享着人类精神的家园，和大师们零距离接触，感受他们的生命和作品的意义，我们将能获取更多教益。让我们每一个人的文学梦从这里走出，在人生之路的不远处收获盛开的花朵和丰硕的果实。

走近欧洲文艺复兴时期英国伟大的戏剧家和诗人威廉·莎士比亚，了解他的生命历程和创作思想，精读其经典作品及背后的故事。

在莎士比亚的悲剧、喜剧和历史剧中，本书选取其中最主要的作品加以介绍及赏析。悲剧方面，选取莎士比亚"四大悲剧"中的《哈姆雷特》《李尔王》在此介绍；喜剧方面，选取了《威尼斯商人》在此赏析。

目录

引言

　　威廉·莎士比亚（1564—1616）是英国文艺复兴时期伟大的剧作家、诗人，欧洲文艺复兴时期人文主义文学的集大成者。他一生共写了38部戏剧（含与人合作1部）、154首十四行诗、两首长诗和其他诗歌。莎士比亚在总结先人经验的基础上，把英国的戏剧水平发展提高到前所未有的高度。他的戏剧多取材于历史记载、小说、民间传说和古老戏等已有的材料，反映了封建社会向资本主义社会过渡的历史现实，宣扬了新兴资产阶级的人道主义思想和人性论观点。他的历史剧、喜剧、悲喜剧，特别是他的悲剧创作，具有悲喜交融、诗意曼妙和想象纯净的人生境遇，充满了人生哲理和批判精神，取得了突出的成就。莎士比亚是近代欧洲文学的奠基人之一，是最杰出的人文主义文学的代表。

　　400多年以来，世界各国学者纷纷研究莎士比亚的作品。他的作品被翻译成各种文字在世界各地出版，他的戏剧在全世界演出，他的诗句被广泛引用流传至今。以莎士比亚诗句为书名的文学作品，在英、美两国就有100多种，例如毛姆的《寻欢作乐》，赫胥黎的《短暂的烛光》，福克纳的《喧哗和骚动》，陶乐赛·派克的《没有一口井深》等小说题目；还有以他的名字为书名的规模宏大作品集和工具书，如《莎士比亚集注》《莎士比

亚大辞典》《莎士比亚剧本内容提要》《莎士比亚剧作人名地名读音辞典》。

　　莎士比亚在世界文坛上具有非凡的影响和无可替代的地位。法国19世纪伟大的浪漫主义诗人和小说家雨果曾用抒情诗的语言这样盛赞莎士比亚的作品："莎士比亚丰富、有力、繁茂，是丰满的乳房、泡沫满溢的酒杯、盛满了的酒桶、充沛的汁液、汹涌的岩浆、成簇的萌芽、普赐生命的甘露，他的一切都以千计、以百万计，毫不吞吞吐吐，毫不牵强凑合，毫不吝啬，像创造主那样坦然自若而又挥霍无度。……莎士比亚是播种'眩晕'的人。他的每一个字都有形象；每一个字都有对照；每一个字都有白昼和黑夜。"与莎士比亚同时代的英国伟大的诗人约翰·弥尔顿这样赞颂莎士比亚："莎士比亚是最美妙的幻想之子。"与莎士比亚同时代的戏剧家本·琼森说过这样的话来评价他："得意吧，我的不列颠，它拿得出一个人，这个人可以折服欧罗巴全部的戏文。他不属于一个时代，而属于所有的世纪。"马克思称莎士比亚为"人类最伟大的天才之一"。恩格斯盛赞其作品的现实主义精神与情节的生动性、丰富性。莎士比亚在欧洲文学史上占有的特殊地位，被喻为"人类文学奥林匹克山上的宙斯"。

　　莎士比亚的作品被翻译成世界各种文字。从17世纪起，莎士比亚戏剧就传入了德、法、意、俄等国家，然后相继传入美国及其他国家。各种文学的译本，不同派别的莎学理论，以莎剧为依据的音乐、美术、舞剧、歌剧、电影等作品相继出版和演出，数量之多堪称壮观。在19世纪中叶，到中国的传教士介绍过莎士比亚。19世纪末20世纪初，中国思想家严复在1894年和1897年、梁启超在1902年、鲁迅在1907年都在译注中提到莎士比亚。到中华人民共和国成立前，已有30种莎士比亚戏剧被翻译成中文。1978年由人民文学出版社出版的《莎士比亚全集》，是我国翻译出版的第一部外国作家全集。

　　莎士比亚创造了戏剧的传奇，成为世界文坛的巨人。

第一部分　历程

人的一生是短的，但如果卑劣地过这一生，就太长了。

1. 出生

16 世纪中叶，英国中部瓦维克郡埃文河畔的斯特拉特福镇是一个重要城市。小城街道很宽广，房舍周围多有花圃，埃文河贯穿城内，空气湿润，风景诱人。这个在当时人口还不足 3000 人的城镇，却是附近地区农产品集散中心，还是羊皮加工和买卖的地方。每当有集市的时候，人们聚集在这里，整个街道就热闹起来，有些嘈杂。小镇的对外交通也便利，有两条大路直通距此地约 150 千米的首都伦敦。不远处的郊外有很多名胜古迹。

1564 年 4 月 23 日，威廉·莎士比亚出生在斯特拉特福镇一个富裕的市民家庭。父亲约翰·莎士比亚是镇上一个殷实的商人，他原是邻村斯尼特菲尔德的一个农民，于 1552 年迁到斯特拉特福，从事羊毛手套和皮革的加工，还做一些农产品和木材的生意。1557 年前后，他与当地乡绅罗伯特·阿尔登的女儿玛丽·阿尔登结婚。婚后，家产有所增加，二人过着幸福富裕的生活，生了 4 个男孩、4 个女孩，威廉·莎士比亚排行第三，是家中最大的男孩。

在城镇东南角河边，有一座圣三一礼拜堂，在今天依然屹立，成为一个纪念场所。当时这个教堂在当地是有名的建筑。1564 年 4 月 26 日莎士比亚就在这里接受了洗礼，取名威廉。至今，在圣三一教堂里

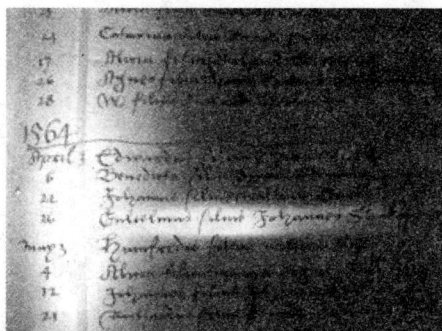

莎士比亚在圣三一教堂的洗礼记录

仍保留着莎士比亚洗礼的记录。

1564年出生在斯特拉特福镇的孩子们正赶上瘟疫，在教堂的记录册上记载着：7月11日瘟疫开始，20日开始死人，此后每隔两三天，死人的数量骤增，这个状况一直持续到年底。

这场瘟疫导致了近3000人的斯特拉特福镇有四分之一的人死亡，莎士比亚幸运地活了下来。

2. 童年，戏剧就来了

莎士比亚的童年生活很富足，家中的房子在周围的建筑群中十分显眼。这是一座带阁楼的二层楼房，斜坡的瓦顶，泥土原色的外墙，凸出墙外的窗户和门廊，整体房子外形古朴雅致。楼下是起居室和厨房，楼上是卧室，桌、椅、床、柜都是木制的，还有一个木制摇篮。这个时期，英国的毛纺织业发展迅速，这个小城的工商业也日益繁荣。父亲约翰·莎士比亚经营的买卖越来越好，他买下了4处房产，成了当地富裕家庭的代表人物。同时，他还积极参加本地的政治活动，担任过地方政府的若干个职务。当时，斯特拉特福的行政权力掌握在1名市长、14名市议员和14名首席市民手中。莎士比亚的童年时代，

莎士比亚故居

正是他的父亲政治上最得意、经济上最富裕的时期。在他 2 岁的时候，他的父亲被选为市议会议员；他 4 岁的时候，也就是 1568 年，他的父亲被选为市长。

当时，经常有一些旅行剧团到斯特拉特福镇巡回演出，这些剧团为了不受地方行政当局的歧视和迫害，常常需要寻求王室或者贵族的保护，纷纷以王室、贵族的称号或职务命名，如"女王剧团""雷斯脱伯爵剧团""海军大臣剧团"等，实际上剧团是私有的。

1569 年，在莎士比亚的父亲担任市长期间，凡是来斯特拉特福演出的剧团，在被批准公演之前，先在市政厅为当地的政府官员和绅士做一次演出以获得批准。每一次小莎士比亚都兴致勃勃地跟随着大人去观看，这无形中引发了小莎士比亚对戏剧表演的兴趣。到了 70 年代，斯特拉特福成了各巡回剧团的定期演出中心，小镇上的演出次数更多了，这更激发了小莎士比亚对于戏剧的爱好。童年对剧团的初始印象，在他以后的剧本里都有体现，比如《哈姆雷特》中就有流浪剧团在宫廷中演戏的场景。

3. 少年已知愁滋味

16 世纪的教会改革和人文主义思潮的发展使学校的教学发生了重大变化。为了取代教会学校，一种进行世俗教育的学校应运而生，这类学校叫"文法学校"。1571 年，7 岁的莎士比亚被送到当地的一个文法学校接受教育，学校距离他家四分之一英里（1 英里等于 1.6093 公里）。

莎士比亚就读的这所学校成立于 1553 年，是一所由市政厅拨款的免费教育学校，学校对市政厅属下的市民子弟实行义务教育，在当时国内是最好的文法学校之一，在当地很有名气。学校的教师大都毕业于英国最著名的两所大学——牛津大学和剑桥大学。孩子们在进入文法学校前要进行英文读写的训练，掌握一些简单的英文阅读和写作的基础之后，才可以在7岁的时候进入文法学校学习。当时整个英格兰学校的课程设置由法律规定，学校提供拉丁语和古典文学的强化教育。在学校，先学拉丁文法，然后学习逻辑、修辞、演说、历史，进而阅读古典文学，主要是学习古罗马文学，《圣经》也是必修的课目。

莎士比亚在那里学习了6年，掌握了基本的写作技巧，获得了丰富的知识。他学会了拉丁语和希腊语，接触到了古罗马诗歌和戏剧。学校经常组织孩子们排演话剧，每一次莎士比亚都积极参加。在木板搭起的临时舞台上，他全神贯注，认真地捕捉人物的内心情感，琢磨语言的声调和肢体动作。

莎士比亚喜欢奥维德[1]和维吉尔[2]的诗歌，喜欢普劳图斯[3]的喜剧和塞内加[4]的悲剧，他还喜欢罗马演说家西塞罗的书信、演说词和论文片段。这些名家的格言和箴言深深地影响着莎士比亚，他用拉丁文和英文互译并抄录下来，成为他日后戏剧创作的片段。这几年的学习生活，为他打下了比较坚实的文学知识基础和良好的艺术修养功底。

16世纪70年代初，莎士比亚的父亲开始走背运了，非法贸易和高利贷给他招惹不少麻烦。因为他把自己的产业抵押了，结果失去了部分财产。少年莎士比亚感到了家庭生活没有了以往的快乐。

1.奥维德（公元前43—约公元17），古罗马著名诗人，代表作是长诗《变形记》。
2.维吉尔（公元前70—前19），古罗马最杰出的诗人，代表作是《伊尼特》。
3.普劳图斯（约公元前254—前184），古罗马著名喜剧作家，是古罗马第一个有完整作品传世的戏剧作家，代表作《孪生兄弟》。
4.塞内加（约公元前4—公元65），古罗马悲剧作家、政治活动家，代表作《美狄亚》《奥狄浦斯》。

1577 年，由于父亲经营不善，家境逐渐衰落，家庭的经济状况愈来愈困难，小莎士比亚只得中途停学，被父亲从学校接回家中。从此，他结束了无忧无虑的生活。

回到家中的莎士比亚先是帮父亲料理了一段生意，然后就外出走上独自谋生之路。传说他当过肉店学徒，做过律师的小使，当过乡村教师，还参加远征军去过荷兰、意大利。这些经历无疑增长了他的社会阅历，为他以后的戏剧创作积攒了广泛的素材，打下了坚实的社会实践基础。

4. 结婚了，梦想依旧

1582 年年底，18 岁的威廉·莎士比亚与年长自己 8 岁的安妮·哈瑟维结婚，伍斯特主教教区的宗教法院于 1582 年 11 月 27 日为他们签发了结婚证书。次日哈瑟维的两位邻居为他们做了婚姻担保。伍斯特法官的允许结婚预告通常是宣告三次，他们的预告只宣告了一次，这对新人就匆忙地安排了仪式，这是因为哈瑟维已经怀上了莎士比亚的孩子。

莎士比亚结婚 6 个月后，女儿苏珊娜·莎士比亚降生，并于 1583 年 5 月 25 日接受洗礼。两年后，哈瑟维又为莎士比亚生了一对龙凤胎——儿子哈姆涅特和女儿朱迪思，在 1585 年 2 月 2 日接受洗礼。儿女双全带给莎士比亚全家的快乐没有多久，1586 年，莎士比亚的父亲被解除了当地最高长官的公职。

这是一个充满冒险精神的时代。莎士比亚在经历了无忧无虑的童年生活，又经历了家父生意和政治上的变故后，他感受到了戏剧般的生活落差。在最好的学校里，他读过古罗马的诗歌和历史故事；在家境遭遇生活的坎坷时，他出外独立谋生历经艰难。在崇拜英雄的时代，在斯特拉特福，他找不到施展自己抱负的天地。

莎士比亚的思想已经冲出了这个单调乏味的小城市，他向往着伦敦，那是国家的首都，那里有大都市的风情，那里每天都上演着形形色色的戏剧。每当想到大幕拉开，他会难掩激动的情绪，那是属于他的世界，他要一展个人的抱负。他决定只身前往伦敦。

1586 年，莎士比亚开始安排家中的事情。他把妻子和 3 个孩子托付给父母之后，就带着儿时的梦想，跟着一个伦敦到斯特拉特福镇巡演的戏班离开了家，奔向伦敦。

5. 伦敦，梦起的地方

当时的英国和整个欧洲正处于社会大变革年代，欧洲的文艺复兴运动正处于高潮。

文艺复兴是欧洲 14—16 世纪发生的一场文化思想革命运动，开始于意大利，逐步蔓延到整个西欧。宣传资产阶级思想的人文主义者提出"人"和教会尊崇的"神"相对抗，他们用个性解放来反对教会提出的禁欲主义，用理性来反对蒙昧主义，用平等观念来反对封建社会的等级门第观念，用中央集权来反对封建割据，等等。这些反教会、反封建的思想，在历史上曾起过很大的进步作用。

莎士比亚来到伦敦的时候，也正是英国女王伊丽莎白一世统治的鼎盛时期，女王在位期间为 1558—1603 年。16 世纪初期，英国资本主义经济迅速发展，专制王朝执行了有利于资本主义工商业发展的政策，得到新兴

资产阶级的支持，因此，英国王室与资
产阶级之间形成了暂时的联盟。伊丽莎
白女王继位以后，结束了与法国的战争，
改善了与苏格兰和西班牙的紧张关系，
尤其是确立了英国圣公教为正式的英国
宗教，解决了英国国内的宗教派别之间
的尖锐矛盾。英国社会出现了经济繁荣
和政治安定的局面。1588 年，伊丽莎白
发展的英国海军打败了西班牙的"无敌
舰队"，成为欧洲海上霸主。这场胜利
牢固地树立起了英国作为世界头号海军

英国女王伊丽莎白一世

大国的地位，也扫除了英国向海外扩张的障碍。英国大规模地掠夺殖民地
开始了，这极大地促进了英国工商业的发展。

随着工商业和海外贸易的迅速发展，古希腊、古罗马戏剧被介绍到英
国来。城市日渐兴盛，英国的民族文学，特别是民族戏剧发展起来，戏剧
日益受到市民欢迎。在塞内加、泰伦提乌斯、普劳图斯等古典作家的影响下，
剧作家创作热情高涨，正规戏剧产生了。新的戏剧形式——悲剧和喜剧开
始出现。16 世纪中叶，出现了最早的正规喜剧和悲剧。1551 年，尼古拉
斯·乌达尔以普劳图斯的作品为范本，写出了第一部英国喜剧《拉尔夫·劳
埃斯特·道埃斯特》。1562 年，托马斯·沙克威尔和托马斯·诺尔登按
照塞内加作品的形式写出了第一部英国悲剧《高博达克》。70 年代中期，
英国戏剧又有了进一步的发展。演员演戏被正式承认为合法的职业，出现
了职业的演员剧团，为了取得政治上的庇护，它们名义上还隶属于王室或
某一贵族，但演员人身是独立的。只要剧团得到了王室或某一贵族的庇护
就可以演出，公共剧场也开始建立起来。在此之前，英国的剧团大多是一

些四处流浪的戏班子，当时伦敦的剧团是由演员自己组成的，没有固定的演出场所，一般是在集市广场上或旅店院子里临时搭成舞台上演。他们还经常到外地作巡回演出，这样的演出环境很容易引起骚乱。莎士比亚儿时看到的剧团就是这样的草台班子。

1576 年，伦敦的第一个剧院建成，英国开始有了正式命名的"剧院"剧场。"剧院"剧场比较小，仅能容纳1000人。之后，伦敦又陆续建起了"幕帷剧院""伯特戏院""玫瑰剧院""天鹅剧院"等。这些剧院全部设在伦敦城外，在伦敦北郊或泰晤士河南岸。它们大多是按照客栈庭院格式建成的露天剧场。剧场内部是一个占地颇广的中央无顶空间，称为"池子"，环绕在"池子"周围的是三层有屋顶的楼廊，设有包厢或贵族席，为国王陛下和达官贵人专用。舞台是一个高出地面 4—6 英尺的平台（1 英尺合0.3048 米），向前突出伸入池座中间。观众可以三面看戏。因为没有灯光照明，只能在白天演出。当时的道具极少，没有帷幕、布景，但服装比较讲究。剧场的设备说不上舒适，但座位很多，可容纳 1500—3000 人。观众的社会成分也很复杂，大多是手艺人、小商贩和帮工，也有少数的自由职业者、富商和绅士。

正式剧院建立起来后，演员的演技水平也在不断提高。

6. 剧团生涯开始了

伦敦戏剧界正进行革新，戏剧迅速发展，成为当时文化的主流。正是在这个时候，莎士比亚来到了伦敦。他出身普通的市民家庭，既没有上过大学，也没有任何靠山，像他这样的人，想在宫廷找到差事是不可能的。

莎士比亚在伦敦度过四五年默默无闻的生活后，遇到一个同乡，名叫查理·菲尔德。这个老乡长期在伦敦的一家印刷所做工，后来，同老板的遗孀结了婚。因生意的关系菲尔德结识了戏剧界的人。可能是经他介绍，1589 年左右，莎士比亚在剧团里找到了工作。莎士比亚先是做马夫，在剧团门口侍候看戏的乡绅以及做一些杂役，后来当上了一名雇佣演员，开始他的舞台表演生涯。在舞台上，年轻的、漂亮的、体格匀称的他大多是跑龙套，偶尔演主角。

莎士比亚为人谦和、才智过人。他一面勤学苦练演戏的本领，一面去做剧团的杂务，比如给演员提词。他还利用工作的余暇去观摩其他剧团的演出。海军大臣剧团的悲剧名演员亚玲主演的悲剧，曾深深地感动过他，这对他后来的历史剧和悲剧的写作产生了一定的影响。

大约在 1587 年，伦敦出现了一批受过高等教育的剧作家。他们的出身都不很高贵，但有较好的古典文化修养，至少是在伦敦最优秀的学校接受过人文主义教育。这些剧作家经常聚在一起，将各种传统戏剧融为一体，其中包括古罗马戏剧以及模仿古罗马戏剧的学院剧、中世纪的道德剧、当代的意大利与法国戏剧，从而创作出结构严谨、情节生动、诗意盎然的剧作。他们对于戏剧形式的发展也做出了很大贡献，创造出复仇悲剧、浪漫喜剧和历史剧等多种戏剧形式。他们在英国戏剧传统的基础上，吸收了古希腊、古罗马戏剧的养分，又学习了意大利、西班牙等国的艺术新成就，写出了不少剧本，把英国戏剧艺术提高到了一个新高度。这些剧作家被称为"大学才子"。他们中成就较大的有克里斯托弗·马洛、约翰·黎里、托马斯·基德、罗伯特·格林以及托马斯·洛奇等人。

这些人对莎士比亚的影响很大，特别是马洛对莎士比亚的影响更大。马洛是"大学才子"中最有才华、成就最大的一个。1587 年，马洛在剑桥大学获硕士学位。他通晓古典著作，热爱真理，是文艺复兴的化身；他能以最少的语言表达出广博的思想；他革新了中世纪的戏剧，抛弃了原来戏剧中的韵律诗，改为无韵诗，其宏伟的气势，符合文艺复兴时期奋发向上的精神。在舞台上，他创作了反映时代精神的剧作，并将无韵诗引入了戏剧，在文学史上享有"诗剧的晨星""英国悲剧之父"的美誉。他是莎士比亚以前英国戏剧界最重要的人物，也是英国文艺复兴戏剧的真正创始人。作品有《浮士德博士的悲剧》《帖木儿大帝》《马耳他岛的犹太人》等。

约翰·黎里（1554—1606）的喜剧对莎士比亚的影响很大。黎里曾先后在牛津大学和剑桥大学受过教育，他的祖父在当时被英国许多学校列为拉丁文教材的《拉丁语法》一书的编纂者。莎士比亚就读文法学校时就曾学过这本教材。黎里受家庭的影响，立志献身文学事业。他在文坛上的地位是由其创作的喜剧奠定的，如《昂迪米思》《班比妈妈》《亚历山大和坎巴丝帕》等。莎士比亚的喜剧中经常借用黎里的作品。

如果说马洛是莎士比亚在悲剧创作方面效仿的先驱，那么黎里则是莎士比亚在喜剧创作方面的楷模了。莎士比亚敬重他们，虚心地向他们请教有关戏剧问题。他买了许多的书，也借阅了许多书，他努力弥补着自己没有大学经历的缺憾。他认真地学习了戏剧理论和戏剧创作，更多地学习了历史方面的知识，比如读《英格兰、苏格兰和爱尔兰编年史》，为他创作历史剧本打下了基础。

7. 初露锋芒

1590 年前后，莎士比亚开始为剧团改编旧剧本和修改其他剧作家的剧本。当时的剧院几乎每天要更换剧目，受欢迎的戏隔一定时间就要重演，最多的在 3 年之内重演 30 多次。不受欢迎的戏，常常只公演一次便被取消，因此剧团对于剧本的需要非常迫切。由于这种需求，莎士比亚就独自编写起剧本来。

这一时期，以英国历史为题材的剧本在伦敦舞台上竞相演出。据估计，从打败西班牙的"无敌舰队"到伊丽莎白女王逝世的 15 年间（1588—1603），有关英国历史事件和历史人物的剧本大约出版了 200 部，占这一时期上演剧目总数的五分之一，可见当时的历史剧很受欢迎。这种现象反映出打败西班牙后英国人民爱国热情的高涨，以及他们对祖国的历史人物和事件的浓厚兴趣。这为莎士比亚提供了创作历史剧的机会。

莎士比亚一共写了 10 部英国历史剧，其中 9 部是在 1590—1598 年间创作的。在这些剧作中，他表达了反对封建割据、宣扬统一王权的观点，反映了新兴资产阶级的政治要求，表达了他对国家命运的关心，更着重说明了英国封建内战的残酷及其对人民的危害。他的戏剧创作已深深根植于英国都铎王朝和伊丽莎白时期的现实生活中。

在 1590—1591 年间，莎士比亚完成了历史剧《亨利六世》上、中、下三部曲，其间还写了十四行诗。

莎士比亚的《亨利六世》三部曲写的是 15 世纪英法百年战争后期和玫瑰战争爆发初期的史实。剧中热情歌颂了在对法战争中英勇殉国的英军将领，极力丑化扭转法军战局、挽救法国威望的法国女英雄贞德。同时，他还通过英国内战双方父子互相残杀的悲剧来揭露封建内战的罪恶。

此后莎士比亚的作品甚丰。在那个要求巨人而又的确产生巨人的文艺复兴时期，

亨利六世画像

理查三世画像

莎士比亚卓越的性格和戏剧性的生活，让他找到了丰富的创作源泉。

继《亨利六世》之后，莎士比亚紧接着于1592年写出了《理查三世》。这是他初期创作中的一部杰作。全剧集中描写15世纪末英国国王理查三世的暴行，通过对他一生事业的介绍，指出暴虐无道、失去人心是他灭亡的原因，表达了对封建暴君的谴责。这个剧不仅主题突出、情节生动，而且在人物形象的个性化方面也取得了初期的成就。在塑造这一历史人物时，莎士比亚抓住了理查三世野心勃勃、阴险狠毒而又言行不一、口蜜腹剑的特点，成功地塑造出一个暴君的典型形象。

1592年，伦敦的舞台已经公演了他的几部剧作，他作为剧作家和演员在伦敦逐渐有了知名度。莎士比亚靠自己的打拼向人们证实了自己是一个脚踏实地、品行端正之人，他成了剧团的股东，很快赢得了同行们的尊敬和爱戴。

莎士比亚的剧作获得了成功，声名大噪。这引起了当时一位老剧作家的忌妒和攻击。

罗伯特·格林（1560—1592）是英国赫赫有名的剧作家，曾在牛津大学和剑桥大学学习，被称为"大学才子"。格林的写作特点是避开沉重悲壮的主题，而倾心于浪漫与幽默情调的写作方式。他的最有名的喜剧是《老奶奶的故事》。他过着漂泊不定的浪漫的文学家生涯。由于生活放浪以致贫病交加，病倒在一个小旅馆里。在1592年9月，罗伯特·格林临死前在他写的《千悔得一智》（也叫《无限悔恨赢得的一点聪明》）中，悔过自己的行为，用自己的经历劝谏他的同行马洛等3位作家。在他的文章里还告诫他的同行要警惕那些演员。他模仿莎士比亚剧本中的台词来影射和攻击莎士比亚，说"那里有一只用我们的羽毛美化了傲慢自负的乌鸦，他的表演者的外表里面裹着一颗老虎的心"，这里指的就是莎士比亚。莎士比亚被他叫作"一只暴发户式的用我们的羽毛装饰起来的乌鸦"。

正是格林的"恬不知耻地以为举国只有他能震撼舞台"攻击莎士比亚的话，从反面证明了莎士比亚已取得了值得"大学才子"羡慕、嫉妒的成就。

格林去世后，出版商亨利·切特尔出版了格林的《千悔得一智》文章，遭到莎士比亚的抗议。不久，切特尔在自己出版的《好心人的梦想》著作里，对莎士比亚公开表达了歉疚。切特尔为自己替格林出版有失公正的诽谤文章深表遗憾，他写道："我亲眼得见他（指莎士比亚）不仅演技高超，而且温文尔雅。除此之外，有身份的人一谈起他，都说他为人公正而又文笔典雅。"在这里可以看出，"有身份的人"是在庇护着莎士比亚。可见莎士比亚到伦敦后不过几年，就已经有了一定的声望和一些同行朋友了，还有高贵的朋友在力挺他。

8. 博观约取，厚积薄发

1592 年，伦敦爆发了大规模的鼠疫。这场灾难从 1592 年夏天一直延续到 1594 年夏天。最严重的时候，每 12 位居民中就有一位丧生，伦敦一个星期就死掉 1000 人。政府关闭了所有的剧院，大部分剧团只好到外地去做巡回演出。有的地方害怕受到传染，拒绝剧团入境。这使得不少剧团破产，演员们过着极端贫困的生活。

寻觅创作的源泉

莎士比亚没有跟随剧团巡回演出，他留在伦敦，也可能回到家乡斯特拉特福。他充分利用这两年的时间来为自己的戏剧创作打基础。他读了大量的书，增长了很多历史知识，提高了自己的文学修养；他的作品中的许多段落还证明了他对绘画、音乐的爱好。

莎士比亚不仅熟悉意大利文化，还熟悉法国作家和古典作家及其作品。他从意大利、法国的古典故事中积蓄自己的创作素材。比如诺斯译的《希腊罗马名人传》就是他编写剧本汲取题材的来源之一。他对本民族的文化也有着深厚的修养，他青少年时代的乡间生活，为他积攒了一份丰富的创作宝藏，那些民歌民谣，那些风俗习惯，以及他早年生活的经历和他熟悉的人们，在他的剧本中都有体现。比如，市镇的警察，乡村的教师、牧师、村民、乡绅等。

莎士比亚对戏剧的各种体裁都进行了尝试。喜剧方面，他以普劳图斯的《孪生兄弟》为范本写了《错误的喜剧》（1592），接着又写了《驯悍记》（1593）、《维洛那二绅士》（1594）和《爱的徒劳》（1594）；悲剧方面，他向塞内加和基德学习，写出了《泰特斯·安德洛尼克斯》（1593）。

叙事诗的故事

莎士比亚同当时的各个阶层人士有着很好的交往，其中有一位扫桑普顿伯爵亨利·里奥谢思利很欣赏他的才华。莎士比亚赢得了扫桑普顿伯爵的眷顾，伯爵成了他的庇护人。扫桑普顿伯爵是伊丽莎白朝代的贵族，他比莎士比亚小9岁，很喜欢戏剧，很多演员都是他的朋友，他的家成了诗人和人文主义学者的集聚地。莎士比亚借助与伯爵的关系，走进了贵族的宫廷生活圈子，接触了文艺复兴时期的意大利绘画和音乐，认识了很多才华出众的人。他对上流社会有了近距离观察和了解的机会，扩大了他的生活视野，为他日后的创作提供了丰富的源泉。

莎士比亚根据古罗马传说创作的两首叙事长诗《维纳斯与阿多尼斯》（1593）和《鲁克丽丝受辱记》（1594）就是献给扫桑普顿伯爵的。该长诗附有莎士比亚写的一段献词，表达了友爱之情。此后，莎士比亚还为伯爵写过一些十四行诗。

莎士比亚的《维纳斯与阿多尼斯》描写了爱情的力量不可抗拒，叙述了女神维纳斯爱上了人间少年阿多尼斯。阿多尼斯热爱打猎，他年轻，害羞并且淘气。长诗从维纳斯对他的追求开始。阿多尼斯不断地挣脱、拒绝。维纳斯约阿多尼斯第二天相会，阿多尼斯说已经计划了去打野猪。结果，他去打猎时被野猪撞死。维纳斯诅咒爱情从此将伴随着各种痛苦。

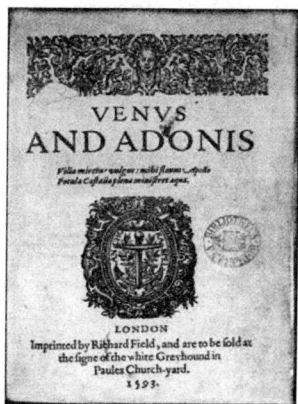

《维纳斯和阿多尼斯》扉页

《鲁克丽丝受辱记》源于真实的古罗马历史，根据奥维德的《岁时记》而作。路修斯·塔昆纽斯（或塔昆）是罗马王政时代的最后一个国王。他通过谋杀岳父篡据王位，他暴虐无道，民怨沸腾。公元前509年，其子奸污美丽贞洁的罗马贵妇鲁克丽丝，鲁克丽丝不堪受辱，自杀雪耻。此事激起公愤，王朝被推翻，罗马共和国遂告成立。

莎士比亚在长诗中详尽描述犯罪过程，极力渲染了恐怖气氛，极富感官上的刺激。他呼吁同情、怜悯和人道，谴责荒淫强暴的行为，展示了欲望的罪恶。他张扬了人性，赋予鲁克丽丝这个贞女形象以美貌与美德兼备的品质。这两首长诗先后在 1593 年和 1594 年由莎士比亚的同乡好友理查·菲尔德出版。

莎士比亚还写了叙事诗《爱人的怨诉》，讲述了一个年轻女子悔恨被一个求婚者诱奸的故事。他写的叙事诗《凤凰和斑鸠》，哀悼着传说中的不死鸟凤凰的爱情和斑鸠的忠贞，宁愿死去也不愿意放弃生存的至高标准。这首诗寄情于纯粹的精神恋爱，凸显纯粹的贞洁，是莎士比亚为真爱写下的挽歌。

> 死亡的赞礼从这里开始：
> 爱情与忠贞已经死去，
> 凤凰与斑鸠离了人世，
> 在彼此的火焰中循迹。

9. 走向成熟，感悟生命与舞台

1594 年，流行了两年的鼠疫结束后，伦敦的剧院重新开业，演员们陆续回到了伦敦。这时，许多剧团在前两年的禁演中破产了，剧团进行了组合。宫廷大臣剧团是以演员伯比奇为核心的剧作家和演员组建的剧团，这个剧团受到宫内大臣的庇护，故名宫廷大臣剧团。莎士比亚在这一年正式进入了宫廷大臣剧团，是宫廷大臣剧团的高级主管兼驻院编剧。

这个剧团有 12—15 人，演员有理查·伯比奇、威廉凯普、约翰·赫明、亨利·康德尔等。他们没有固定的演出场所，大多时候是在"剧院（Theatre）"演出。1603 年，莎士比亚所在的这个宫廷大臣剧团得到新国王詹姆士一世的支持，改名为"国王剧团"。

在伦敦戏剧界的重要地位

1594 年圣诞节期间，宫廷大臣剧团曾经两次在王宫演出。伊丽莎白女王对莎士比亚的戏剧才华颇为赏识。据后来统计，伊丽莎白女王在位期间，莎士比亚所属的宫廷大臣剧团共为宫廷演出 32 次，海军大臣剧团只有 20 次，其他剧团合计 13 次。此时的莎士比亚忙于写戏，宫廷大臣剧团生意极好 。

这时的莎士比亚在伦敦戏剧界占据了重要地位。当时在戏剧界有名的"大学才子"中，有几人在前两年离世。杰出的剧作家马洛，于 1593 年 5 月的一天，在一家小酒馆里卷入一场殴斗，被人杀死；格林在 1592 年病死了；基德 1594 年离开了人世。新一代剧作家还没有谁在剧坛上崭露头角，这时莎士比亚的地位就显露出来了。1594 年，莎士比亚的一些剧本以四开本出版，30 岁的他在英国戏剧界已经有了超凡的成就。他为所在的宫廷大臣剧团的演员写剧本，能根据每个演员的特色设计符合他们的角色，结果演出效果极佳。由于有莎士比亚这位特色编剧，宫廷大臣剧团成为伦敦最主要的剧团。同时，莎士比亚也是这个剧团里最受欢迎的演员。他曾在皇宫为伊丽莎白女王演出，偶尔还去大学和法律学校演戏。夏季瘟疫流行、伦敦剧场停演时，他随剧团就到外省演出。

莎士比亚作为一个成功的剧作家还在自己和别人的剧作里表演，结果，他的名字很快成为卖点，闻名全国。作为著名诗人，他所写的诗歌和诗剧为社会各阶层广大群众所喜爱。他的经济状况日益丰裕，并成为剧团的股东之一。

无与伦比的悲剧、喜剧和历史剧

从 1595 年到 1600 年的 5 年多的时间里，莎士比亚的创作才能有了进一步的提升，每年都有 1—3 部剧本从他的笔下产生，这些作品的思想内容和艺术技巧更加成熟。无论是情节的安排、人物的塑造，还是语言的应用，他都取得了新的成就。几年间，他完成了 13 部剧本，其中喜剧 6 部、悲剧 2 部、历史剧 5 部。

这几年，在伊丽莎白女王的统治下，英国社会基本上还保持着表面的繁荣，王室和资产阶级之间也还暂时维持着联盟关系。莎士比亚这时期的作品，大都具有愉快乐观的色彩，这说明他对以人文主义理想解决社会矛盾充满信心。当然，在客观上，当时社会和生活中的矛盾，是不会由于莎士比亚的愿望而获得解决的。他在他创作的 6 部喜剧和 1 部悲剧中，都宣扬了资产阶级人文主义的生活理想：自由的爱情、真诚的友谊、幸福的生活等。他塑造出了许多青年男女舞台形象来体现这种理想。特别是那些女主人公，大都既温柔美丽，又坚毅勇敢，是莎士比亚理想中的资产阶级新女性的典型形象。莎士比亚着重描写她们如何冲破封建制度所造成的重重阻碍，终于获得爱情的胜利和幸福的生活。

《罗密欧与朱丽叶》（1595）是一部早期的具有强烈的反封建意识的爱情悲剧，其主题思想和艺术风格，都和这一时期的喜剧接近。之后完成的《仲夏夜之梦》（1595）是一部充满幻想和浪漫色彩的抒情喜剧，剧情发生在古希腊神话传说忒修斯统治雅典的时期，实际反映的却是当代英国社会的现实。《威尼斯商人》（1596）和《仲夏夜之梦》虽然同属于这一时期的喜剧，但是风格却大不相同，它是莎士比亚早期喜剧中最富于社会讽刺性的一部。

从 1596 年开始，莎士比亚在某些喜剧人物如《威尼斯商人》中的安东尼奥、《第十二夜》中的奥西诺等身上，抹上了忧郁的色彩。这是因为英国社会的阶级矛盾在 16 世纪末期已经尖锐起来，莎士比亚感到理想和现实之间存在距离。

1596 年 8 月，莎士比亚的独生子哈姆涅特离世，他很伤心。但是另一方面，他的事业越来越成功。10 月，他替父亲获得了王室颁发的世袭徽章，他也申请到世袭"绅士"的称号和拥有纹章的权利。5 月，他在故乡买下了当地最大的一所名叫"新地"的房产，他的家人一直住在那里。后来又陆续购置了一些地产，每年从这些房地产上都能得到一笔相当可观的出租收入。

亨利四世画像

1597—1598 年，莎士比亚创作了《亨利四世》（上下篇）。该剧是莎士比亚历史剧中最成功、最受欢迎的一部，写的是贵族叛乱及平叛的经过，塑造了亨利四世和亨利五世的君主形象，也成功地描绘了"福斯塔夫式背景"的平民社会缩影。该剧演出后获得很大的反响，成为莎士比亚历史剧的代表作。剧中福斯塔夫成为莎士比亚笔下最著名的喜剧人物之一。

福斯塔夫是一个破落的骑士，他有着浓厚的封建寄生生活的特点，好酒贪杯，纵情声色，有着新兴市民阶级追求享乐的

亨利五世画像

思想。他虽是一个军人，却缺少一个真正封建骑士所应有的荣誉观念和勇敢精神。他靠在王子身边逗笑取乐，甚至靠对酒店主妇巧言哄骗来满足自己的生活享受。

据说由于在《亨利四世》中莎士比亚对福斯塔夫刻画得高度成功，伊丽莎白亲自下旨，要莎士比亚写一部福斯塔夫求爱的喜剧，这部喜剧就是《温莎的风流娘儿们》（1598）。该剧是莎士比亚唯一的一部以市民社会生活为题材的剧本。

此后创作的《无事生非》（1598）、《皆大欢喜》（1599）和《第十二夜》（1600）都是莎士比亚抒情喜剧的杰出代表作。剧中写的都是男女青年之间的爱情纠葛，开始一见倾心，接下来好事多磨，最终都以有情人终成眷属而告结束。故事情节较以前的喜剧更加丰富，多条线索交织在一起，妙趣横生，波澜起伏，生活气息浓厚，思想更加成熟，既宣扬了人文主义的生活理想，又嘲笑了封建教会的禁欲主义，同时也揭露了资产阶级的自私自利行为。

十四行诗的长梦

莎士比亚所处的时代爱情诗盛行，写十四行诗更是一种时髦。在1592—1598年间，莎士比亚除了紧张的戏剧活动外，还写了154首十四行诗，表达了个人的内心情感。

十四行诗原是意大利流行的一种抒情诗体，早在13世纪就出现了，据说是普罗旺斯的诗人们创造的。文艺复兴时期，意大利诗人彼特拉克（1304—1374）继承并发展了普罗旺斯和意大利"温柔的新体"诗派传统，故称彼特拉克式十四行诗体。16世纪上半叶，彼特拉克的两位模仿者怀阿特（1503—1541）和萨利（1516—1542）把它引进了英国。16世纪末，十四行诗在英国才兴盛起来，成为当时各种诗歌中的最流行的一种形式。有统计称，1592—1597 年在英国发表的十四行诗达 2500 首之多。

最早提及莎士比亚十四行诗的是大学人士 F. 米尔斯。他在其《智慧的宝库》中说："他（莎士比亚）在私交之间传抄的甜蜜的十四行诗。"可见，在 1598 年以前，莎士比亚的诗还没有被刊印时，就已经在流传了。1599 年，莎士比亚的十四行诗中的第 138 首、第 144 首被私自收录到一本诗集中。伦敦的出版商托马斯·索普到处收集莎士比亚的十四行诗诗稿的手抄本，居然有人为他弄到了一箱子的莎士比亚的十四行诗。索普将这些诗稿编印成集，于 1609 年 5 月 20 日刊印了《莎士比亚十四行诗》。诗集收纳了 154 首十四行诗，这就是最早的、最完全的"第一四开本"。索普在这本书的献词中给后人留下了一个谜团：献给下面刊行的十四行诗的唯一促成者 W.H. 先生，祝他万事如意，并希望我们永生的诗人所预示的不朽得以实现。对他怀着好意并断然予以出版的 T.T.。

T.T. 是托马斯·索普的名字缩写，W.H. 成为考证者们争论的话题。据说，莎士比亚的十四行诗是献给两个人的：前 126 首是献给一位贵族青年美男子的，第 127—152 首是献给一位黑肤女郎的。最后两首及中间个别几首与此无关。全诗的内容具有一定的关联，有着清晰的情节脉络，赞美着生活中的友谊与爱情。

莎士比亚的十四行诗总体上表现了一个思想：爱征服一切。他的诗充分肯定了人的价值，赞颂了人的尊严，强调了人的理性作用。诗人将抽象的概念转化成具体的形象，用可感可见的物质世界，形象生动地阐释了人文主义的命题。

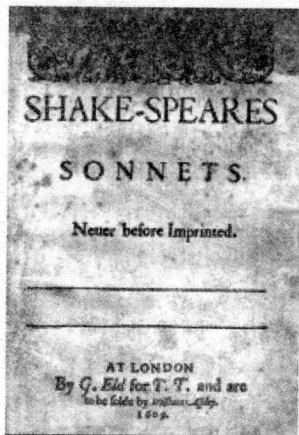

《莎士比亚十四行诗》

莎士比亚的十四行诗，被评论家们认定具有一定的传记性，反映了莎士比亚的真实生活。

其中开篇的第1首，就是歌颂友谊的诗句，是规劝朋友结婚生子的。

（1）人情味极浓的第1首诗：

我们希望最美丽的生物不断生长，

这样，美丽的玫瑰永远不会枯死，

但是成熟的东西随着时间的流逝都会消亡，

后人就应该记住芬芳。

但是，你却与自己明亮的眼睛相约，

燃烧了自己，滋养你的眼中的光彩，

在富足的地方造成饥荒，

你在跟自己作对，未免对自己太狠。

你现在是世界上最唯美的装饰，

本来在绚丽的春天前行，

你却在自己的蓓蕾里葬送自己，

温柔的怪人，你吝啬情感浪费着全部。

　　可怜这个世界吧，或者贪吃的人，

　　　被坟墓和你吃掉了世界应得的东西。

莎士比亚的十四行诗，献给友人的诗篇比情人的多，这说明诗人视友情重于爱情。在莎士比亚时代，男子对妇女的爱情是一种习以为常、十分自然的事情，而对男子的友谊则是无限的、不朽的。莎士比亚的诗为忠贞的友谊赋予了一道清新的色彩，更难得的是诗人的这位朋友风华正茂且其貌俊美，诗人对其赞美和热爱从第24首中的前两节四行诗可见：

我的眼睛扮演了画家，

把你的美貌刻画在我的心上；

我的身体就是你形象的框架，

透过我的眼睛才能看到画师的艺术。

你必须通过画师看到他的技巧，

要弄清你真实的形象所在，

肖像永远在我的心房，

你的眼睛就是那心房的两扇明窗。

莎士比亚用美术绘画的比喻来说明自己已经把爱友的容貌铭记在心，时时欣赏。诗人的眼睛是画笔，心是画布，身体是画框，画的是爱友的肖像。这种刻骨铭心的爱让每一个人感动，此意象的表达很有创意。

（2）歌颂爱情的第 141 首诗：

我不真的凭我的眼睛来爱你，

在你身上人们只见千处缺点；

但我的心却爱着眼睛所轻视

溺爱着，不理睬面前的景象。

我耳朵不听你舌尖传的愉悦音色；

我那期待着爱抚的敏感触觉，

我的味觉，我的嗅觉，不愿出席

你的个人的任何感官的宴会。

可是我的五智或五感却不能

说服一个痴心不爱你，

剩下男人那一点不为动摇的，

甘愿做你那高傲之心的奴隶。

　　然我只能将我爱情悲苦视作益处，

　　她诱使我犯罪，她令我受苦。

诗中表达自己爱上了一个"千处缺点"的女人，从视觉、触觉、味觉、嗅觉等方面自己都很不满意，但是内心却无时无刻地牵念着她，一刻也不能分离。可见理性与情感发生了冲突。最后两句哲理性陈述：这个女人只能使自己犯罪，给自己带来痛苦，但是从中使自己感受到了生命和生活中很多的美丽。

莎士比亚的十四行诗从表面上看主要是讲时间的流逝，讲诗、讲友谊和爱情的，但里面却蕴含着深邃的思想和丰富的人生哲理，表达了莎士比亚人文主义的爱情观、艺术观和生活观，既有抒怀，也有对时代和社会的思索和认识。比如，表达诗人对社会不合理现象不满的，见第66首；歌颂友情美好的，见第18首；赞美爱情神奇的，见第127首；对人性弱点进行剖析的，见第129首。

莎士比亚无疑是那个时代的佼佼者。他一扫当时诗坛的矫揉造作、绮艳浮靡的风气，诗作的结构技巧和语言技巧都很高，几乎每首诗都有独立的审美价值。莎士比亚的十四行诗集流传至今仍魅力不减。

1598年，文学评论家佛朗西斯·米尔斯（1565—1647）曾在他所编辑的《智慧的宝库》一书中，列举了莎士比亚35岁以前的剧作，称赞他的喜剧、悲剧都"无与伦比"，是能与古代的第一流喜剧诗人们并称的，把他誉为当时英国最卓越的喜剧和悲剧诗人。

10. 辉煌成就：四大悲剧诞生了

1600年，莎士比亚的创作活动似乎蒙上了一层阴云。以前创作的喜剧充满着青春的气息，明媚而欢畅。即使以悲剧结局的《罗密欧与朱丽叶》也闪烁着甜蜜的爱的阳光。这时期的莎士比亚开始深入、透彻地观察和思考社会生活，勇敢地揭露伊丽莎白时代的社会矛盾。其剧作阴暗气氛浓重，剧中男女主角是不公平社会的牺牲者，他们满怀愤怨地谴责当时的社会秩序，报复着彼此且各自被伤害着。

从 1601 年开始，莎士比亚的创作进入一个新时期，这就是莎士比亚悲剧创作的辉煌期。

环球剧场

莎士比亚所在的宫廷大臣剧团没有固定的演出场所，他们大多时候是在"剧院"剧场进行演出。1598 年，由于"剧院"主人贾尔斯·阿林在租约上提出的条件令人难以接受，宫廷大臣剧团决定开始修建自己的剧场。

1599 年，莎士比亚搬到了伦敦泰晤士河的南岸。同年，莎士比亚和宫廷大臣剧团的伯比奇兄弟及其他演员共 6 人合资在泰晤士河南岸玫瑰剧院附近建造了他们自己的剧院——

重修后的环球剧场

环球剧场。其中理查德·伯比奇和他的兄弟卡斯伯特·伯比奇两人拥有双份股份，即各持 25%；威廉·莎士比亚、约翰·赫明斯、奥古斯丁·菲利普斯和托马斯·波普四人各持有一份股份，即 12.5%。

当年的环球剧场是最富丽堂皇的一座剧场。此后 10 年，莎士比亚的戏剧作品主要在这里公演，著名的四大悲剧全部在这里上演。环球剧场成了宫廷大臣剧团新的演出场地。

瘟疫与时局

1603 年，英格兰发生瘟疫，仅伦敦就死亡 5 万人。这是英国 60 年间遭受的最可怕的灾疫，这场瘟疫改变了时局。

3 月，第一批染上瘟疫的人陆续死去。这时女王卧床不起，奄奄一息。3 月 24 日，伊丽莎白一世女王终止了她叱咤风云的一生，也结束了长达 118 年的多铎王朝。苏格兰国王詹姆士六世继承了王位。

伊丽莎白去世后，詹姆士即刻动身南下。正值夏季，染疫而死的人数急剧上升，伦敦陷入大规模灾疫，詹姆士只好住在郊外。这时，詹姆士已是英格兰的国王了。

1603 年 5 月 17 日，喜爱戏剧的新国王詹姆士指示把原来的"宫廷大臣剧团"改名为"国王供奉剧团"，并给予该剧团不少的特权。

1603 年 7 月 25 日，詹姆士加冕为英格兰、苏格兰、爱尔兰和法兰西国王詹姆士一世，自封为大不列颠国王，史称詹姆士一世。这标志着英格兰和苏格兰的统一以及斯图亚特王朝的开始。

1603 年 8 月 8 日，新国王詹姆士下令"伦敦城内居民，无论何人，均不得前往剧院，直至上帝降恩，拔除国中瘟疫"。所有的剧院被强制歇业。直到 1604 年 4 月 9 日，环球剧场才开业。

詹姆士一世画像

詹姆士一世的统治没有给人民带来安

稳的日子。他大力宣扬君权神授的说法，戏剧也成了他的手段之一。在伊丽莎白时代，戏剧都是处于达官贵人的庇护之下。詹姆士一世登基后，只有王室成员才有权庇护剧团。詹姆士一世把伦敦的几个剧团放在了王室的庇护下，剧团也常常被召进宫廷演出，演员们还以宫内侍从身份参加各种集会。

莎士比亚所在的剧团获得了最高的荣誉，从剧团的命名"国王供奉剧团"上看，也证明莎士比亚所属的剧团是最优秀的剧团。剧团所有人的名字都被录入了宫廷仆人的名单中，被赏给一份数额不大的年俸。每到重大节日，他们都要穿上和宫廷仆人一样的鲜红色的裤子、坎肩和披风参加活动。除此之外，莎士比亚和剧团的另几名演员还获得了当时被认为是一种荣誉的国王亲随，即国王私人侍仆的头衔。

詹姆士一世推出的政策更加残酷，又恢复了赏赐各种专卖特权的做法，资产阶级与王室之间的斗争公开化。宫廷大肆挥霍，官吏贪腐成风，政治的腐败和制度的剥削，引起城乡广大人民的不满。

这些年，由于职业的关系，莎士比亚经常同王室接触。在宫廷中，他的见闻越来越多，他对新王朝也越来越不满。他感到自己的人文主义理想很难实现，他作品中体现出的人民思想与现实社会有着无法克服的矛盾。痛苦中的莎士比亚，其笔下的剧作减弱了以往的愉快色彩，更多的是对社会上种种现象的反思，加强了对社会制度的质问和人性罪恶的揭露。

走向辉煌

1601—1607 年，是莎士比亚创作的辉煌时期。在这个时期，他完成了 7 部悲剧和 3 部喜剧。比起以前的创作来，这些剧对英国社会的生活和矛盾有了更广泛的反映。不仅对封建宫廷的揭露加深了，而且对资产阶级损人利己的极端个人主义也有了更明确的批判，同时，对广大劳苦人民的疾苦也有了更多的描绘和同情。

《哈姆雷特》写成于 1601 年，写的是丹麦王子哈姆雷特替父亲报仇的故事。该故事发生在 12 世纪，被记载在一部丹麦历史书中。1570 年，有一位法国作家把它改编成剧本，16 世纪 90 年代中期，伦敦舞台上还曾上演过莎士比亚同时代作家据此改编的戏。1601 年，经莎士比亚重新改编，一段普通的中世纪的复仇故事就成了一部深刻反映时代面貌、具有强烈反封建思想内容的悲剧，尽情地表现了英雄式的怀疑。

《哈姆雷特》是莎士比亚这个时期最早也是最有成就的悲剧，哈姆雷特的形象随之成为著名的文学艺术典型。

《奥赛罗》是继《哈姆雷特》之后的又一部杰出悲剧，它取材于 16 世纪意大利作家钦西奥的一篇故事。悲剧的主题是描写以奥赛罗和苔丝狄蒙娜为代表的人文主义理想和以伊阿古为代表的极端利己主义之间的矛盾，表现了恶的本质。

《李尔王》写成于 1605 年，写的是古代不列颠的一个刚愎自用的老国王，因为年老力衰，准备把国土分给自己的 3 个女儿，之后发生的一系列悲剧，表达了在早期资本主义关系中，封建的人伦关系被无情地摧毁的现实。

《麦克白》是莎士比亚悲剧中最阴沉可怕的一部。写的是苏格兰大将麦克白由于野心的驱使，加上妻子的怂恿，在内心矛盾和动摇中杀害了国王，自己登上王位，最后被国王的儿子和贵族军队杀死。该剧反映了在资本主义原始积累时期个人野心对人性所起的腐蚀作用。

同年，莎士比亚写了《安东尼和克莉奥佩特拉》，1607 年又写了《科利奥兰纳斯》《雅典的泰门》。这 3 部悲剧都取材于普卢塔克的《希腊罗马名人传》。

《雅典的泰门》写的是一位富有的贵族泰门的悲剧故事。泰门慷慨好客、坐吃山空、钱财耗尽后，他的昔日好友纷纷远离他。后来泰门无意中得到大量黄金，他却带着对黄金的痛恨死在山里。这部悲剧揭示了金钱使人性异化的社会现实，表现了莎士比亚人文主义思想的低潮。他面对尖锐化的社会矛盾，无法找到出路，因而产生了悲观的情绪。

这一时期，莎士比亚还写了3部喜剧：《特洛伊罗斯与克瑞西达》（1602）、《终成眷属》（1602）和《一报还一报》（1604）。这些喜剧与早期喜剧不同，不是正面宣扬人文主义的爱情理想，而是揭露与谴责爱情及婚姻方面的背叛行为和淫乱现象。喜剧作品却蕴含了悲剧色彩，也被称作"阴暗的喜剧"。

1607年，伦敦周边爆发了大规模的农民起义，莎士比亚创作的剧本逐渐减少。1609年，剧团增加了"黑衣修士剧场"，莎士比亚仍为剧团的股东之一。以后莎士比亚的作品就在环球剧场和黑衣修士剧场轮流演出。

11. 道德与宽恕的传奇喜剧

创作晚期

1608年起，莎士比亚的创作开始转向传奇喜剧或神剧的写作，这样的写作一直到1613年，这是他创作的晚期。

这个时期，詹姆士一世王朝更加暴露出封建专制的本来面目，而资产阶级的力量却壮大了，他们双方的冲突也尖锐起来。王室在极力压制人们的言论自由，莎士比亚的人文主义理想在残酷的现实面前更加苍白无力。在戏剧界里，出现了迎合王室的贵族一派，这一派的作品只重情节的曲折离奇，缺乏深刻的思想内容。莎士比亚经过矛盾斗争和审慎思索后，其思想转向了妥协和调和。由于世界观的限制，他无法再沿着悲剧创作中的批判方向前进一步。从此，他的作品更多的是用道德感化邪恶、用宽恕求得和谐了。

这个时期，莎士比亚主要写了《泰尔亲王佩里克里斯》（1608）、《辛白林》（1609—1610）、《冬天的故事》（1610—1611）和《暴风雨》（1611—1612）4部传奇喜剧。这些喜剧的情节有些类似，主人公遭受种种悲惨和不幸，由于某种偶然的原因最后得到圆满的结局。其中《暴风雨》被认为是莎士比亚"诗的遗嘱"。该剧对现实中的丑恶仍然有所批判，谴责了自私的阴谋，甚至接触到资本主义海外殖民的主题，但揭露得远不如悲剧时期的作品那样深刻尖锐。但它表达了人文主义的生活理想，表达了人间最美好的主题——爱情、友谊和宽恕。他认为，道德改善是核心，只有通过好人的宽恕和恶人的悔悟才能解决社会矛盾，为人类的进步开辟道路。人类有共同的天性，其中仁慈最可贵。仁慈可以消灭罪恶，调整人与人的关系。

环球剧场失火

1613年，莎士比亚完成了历史剧《亨利八世》的创作。这部历史剧歌颂了封建王室。在伦敦上演这出戏前，已回故乡的莎士比亚赶到环球剧场进行现场指导。

6月29日，《亨利八世》的演出正在进行时，剧场发生了火灾，这场大火把环球剧场烧成了一片废墟。起火的原因是演到亨利八世驾临红衣主教的假面舞会时，人们向他鸣炮致敬。不料，炮口里的火飞溅到铺着干草的屋顶上。不到一个小时，环球剧场这座宏伟的建筑变成一片瓦砾。好在剧场内的演职人员及观众没有伤亡。

莎士比亚把全部身心都投入了这座剧院。如今，这个"O"字形建筑，那面巨神肩扛地球的大旗，以及莎士比亚亲自书写的"世界是个大舞台"的摄魂夺魄的大字，都带着莎士比亚的人文主义理想，随着这场大火远去了，莎士比亚的戏剧生涯结束了。

一年之后，剧院重建。莎士比亚把他在剧团的股份转让给了他人，并清理了他在伦敦的一切财产和财务方面的事情。

从此之后，莎士比亚再没有新的作品问世。而环球剧场在1614年重建后继续开放演剧事务，一直到1644年因规划新房被拆毁。

12. 故里——生命的回归

莎士比亚在伦敦住了20多年，他的妻子一直住在斯特拉特福镇。1612年左右，接近天命之年的莎士比亚告别伦敦回归故里斯特拉特福。

在故乡，莎士比亚和他的妻子、小女儿、妹妹、妹夫，还有外甥生活在一起。莎士比亚居住在宽敞的房子里，在两个大花园里悠闲地生活着。每当风和日丽的日子，他都到郊外的田野或埃文河边去消磨清晨或傍晚的时光。他欣赏着自然景色，他喜欢漫山遍野植物的郁郁葱葱。他在花园里栽培各种花草树木，在庭院里看外甥和孙辈们的嬉笑、打闹。他在亲人的陪伴下安度晚年。

1616年年初，莎士比亚似乎意识到自己快走到了人生的终点，在1月15日这天，他请律师弗朗西斯·柯林斯来家中起草一份遗嘱。

3月的一天，莎士比亚在家中接待了他的好朋友德雷顿和本·琼森。老朋友见面他心里非常高兴，他们谈起了往事，莎士比亚高兴地喝了几杯酒。莎士比亚觉得脸有点发烧，身上也开始冒汗，但他不想破坏这个难得的欢乐气氛，于是继续喝。

送走好友后，莎士比亚的心情有些寂寥，他步履有些蹒跚，出了一身汗的他难敌这料峭春寒，回屋后，他倒下就迷迷糊糊地睡了。

几天后，莎士比亚竟因此得了热病。他的女婿霍尔是当地的名医，经过精心治疗，也未见好转，病情大有急转直下的势头。大女婿霍尔悲伤而又无可奈何地说："上帝已经召唤他了。"

莎士比亚长眠在斯特拉特福的圣三一教堂

3月25日，病中的莎士比亚签署了修改后的遗嘱，把财产分配给家人和亲戚朋友，他把自己的牵挂也留在了人间。其中理查·伯比奇、约翰·赫明和亨利·康德尔的名字也出现在遗嘱中。

1616年4月23日，这位英国最伟大的诗人和剧作家在他生日这天不幸与世长辞，享年仅仅52岁。逝世两天后，莎士比亚的遗体被安葬在斯特拉特福的圣三一教堂的祭坛下面。根据莎士比亚的要求，他葬身之处竖着一块墓碑，上面写着：

好心的朋友，

看在耶稣的分上，

切莫移动埋葬于此的遗骸，

不碰这些石块者上天保佑，

让我尸骨不安者必受诅咒。

1623 年之前，就有一座纪念墓碑和他的半身肖像竖立在北墙上，肖像雕刻了莎士比亚正在创作的样子。碑文中将他与希腊神话中的内斯特、古希腊哲学家苏格拉底和古罗马诗人维吉尔相提并论。

斯特拉特福已经成了文人学子的朝拜圣地。每年都有数以千万计的人朝圣般去瞻仰这位英国文艺复兴时期的伟大的诗人、剧作家。莎士比亚成为人类戏剧史上里程碑式的文学巨匠。

1623 年是莎士比亚逝世的第七年，与他同剧团的两位演员朋友约翰·郝明和亨利·康德尔整理了他的戏剧作品，将他的

永远的莎士比亚

剧作汇编出版，名为《威廉·莎士比亚先生的喜剧、历史剧和悲剧》，号称"第一对折本"。这是莎士比亚的第一部戏剧合集，共收录了莎士比亚的两篇诗作、154 首十四行诗和 37 个剧本，其中 20 个剧本是首次出版。

剧作家本·琼森为"第一对折本"献诗，把莎士比亚叫作"时代的灵魂"。他对莎士比亚在世界文学史上的地位做了极富远见的评价："他不属于一个时代，而属于所有的世纪。"

在伦敦以西 180 公里的斯特拉特福镇，是莎士比亚诞生和逝世的地方。莎士比亚的故居在小镇的亨利街北侧，是一座带阁楼的二层楼房。房屋框架结构精致、斜坡瓦顶、泥土原色的外墙、凸出墙外的窗户和门廊。从这里人们

"第一对折本"封面

领略了到了 16 世纪的英式建筑，感受到了莎士比亚少年生活年代的气息。莎士比亚的故居于 1847 年由"斯特拉特福旧居委员会"接收后进行了修缮。1891 年，又由"莎士比亚旧居托管和保护委员会"负责管理和保护，开始接待世界各地的来访者。故居楼下的起居室和厨房都是石块铺地，楼上卧室是木板地，木制的桌、椅、床、柜都极其普通，还有一个木制摇篮。起居室和厨房的陈设都按照当年的样子摆放着。在故居的陈列室里陈列着莎士比亚的手稿、著作、画像以及一些文物和图片。在楼内的一间小屋子里，层层叠叠存放着近百年来世界各国的来访者在此留下的签名和赠言。这些集子展示了后人对莎士比亚的景仰和热爱。

在斯特拉特福镇旁的艾汶河畔，耸立着莎士比亚青铜坐像，坐像安放在高大的纪念柱顶上。四周有 4 座莎剧人物的塑像，他们是：《亨利四世》中的福斯塔夫、《麦克白》中的麦克白夫人、《亨利五世》中的皇太子和《哈姆雷特》中的哈姆雷特。

斯特拉特福镇上还有莎士比亚学会、莎士比亚画廊、莎士比亚剧院等，英国人称斯特拉特福为"莎士比亚的世界"。

第二部分　创作

世间的很多事物，追求时候的兴致总要比享用时候的兴致浓烈。

1. 创作体裁与创作成就

　　莎士比亚的创作活动从 1590 年开始，到 1612 年返乡时结束。20 多年的创作生涯，共创作 38 部戏剧（与他人合作一部）、两首长篇叙事诗和 154 首十四行诗。

　　莎士比亚创作的作品按体裁可分为诗歌和戏剧两大类。诗歌有长诗和短诗；戏剧有历史剧、喜剧、悲剧、悲喜剧、传奇剧。

诗歌

　　莎士比亚的《十四行诗》大多是由三个四行和一个两行构成，每行都是五个抑扬格音，并按一定方式押韵。他的诗以友谊和爱情为主题，形象生动，语言巧妙，富于节奏感。诗人尤其善于在最末两行概括诗意，点明主旨，使之成为全诗的警策，这是莎士比亚十四行诗的特点和突出成就，被称为"莎士比亚体"。

　　文艺复兴时期绝大多数诗人都写过十四行诗，内容大多是向自己的心上人倾诉衷肠，抱怨对方的冷漠无情、变幻无常等。莎士比亚的十四行诗不仅歌颂友谊和爱情，也抒发了自己的真情实感。他觉得自己智力高超，然而又深感自己社会地位卑微，这种矛盾的心态在第 29 首诗中有所反映。他的十四行诗也述说了社会的不公平，第 110 首诗就倾诉了作为演员和剧作家这一行业的苦恼。

　　据传统的解释，莎士比亚的 154 首《十四行诗》中，前 126 首是献给一个年轻的贵族朋友的，在这些诗中，诗人热烈地歌颂了这位朋友的美貌以及他们的友情；第 127 至第 152 首是献给一位皮肤黝黑的女郎的，诗中描写了诗人对她的爱情。也有人说，诗中的"爱友"一词，不一定专指男性，也不一定限于指某一个固定的人。但从第 3 首、第 20 首，以及第 40—42 首上看，指的是男性朋友。

莎士比亚的两首叙事长诗《维纳斯与阿多尼斯》（1593）和《鲁克丽丝受辱记》（1594）主要是赞颂自由、友谊与爱情。《维纳斯与阿多尼斯》描写了维纳斯对爱情的追求；《鲁克丽丝受辱记》谴责了塞克斯图斯的荒淫强暴行为。莎士比亚的长诗想象丰富、诗句绚丽、情节生动、感情奔放，场景变幻莫测，风格刚健清新，因此他被同时代的英国诗人理查·巴恩菲尔德誉为"荣名标史册永垂不朽"的优秀诗人。

戏剧

莎士比亚的戏剧成就最为突出，其根本特征是情节丰富、故事感人、语言精练、优美，人物具有典型性，性格鲜明，尤其悲剧作品所表现的艺术性奠定了他在欧洲和世界文化史上的重要地位。

历史剧

莎士比亚一生创作了 10 部历史剧，作品有《亨利六世》（1590—1591）、《理查三世》（1592—1593）等。

莎士比亚的历史剧以英国近代历史和古罗马历史为题材，概括了上百年的动乱，探索了从约翰王至亨利八世 300 年的历史教训，塑造了一系列正反面君主形象，再现了历史上尖锐矛盾冲突的场面，表达了人文主义者反对暴君、反对封建集团的诉求，阐明了拥护开明君主、要求开明君主进行自上而下改革，建立和谐社会关系的人文主义政治和道德理想。他的戏剧多取材于历史记载、小说、民间传说和地方传统戏剧等已有的材料，广泛而深刻地描绘了英国封建社会的衰落和资本原始积累时期的社会面貌，反映了封建社会向资本主义社会过渡的历史现实，宣扬了新兴资产阶级的人道主义思想和人性论的观点。正因为莎士比亚能广泛借鉴古代戏剧、英国中世纪戏剧以及欧洲新兴文化艺术，又能深刻观察人生、了解社会、掌握时代的脉搏，所以莎士比亚塑造出了栩栩如生的舞台人物形象，描绘出了广阔的、五光十色的社会生活图景。同时，莎士比亚融合了所处的时代特征，使作品人物形象立体丰满、剧情悲喜交集、富于诗意和想象，富有人生哲理和批判精神等。

喜剧

莎士比亚一生创作了 13 部喜剧，作品有《错误的喜剧》（1592—1593）、《驯悍记》（1593—1594）、《维洛那二绅士》（1594—1595）、《仲夏夜之梦》（1595—1596）、《温莎的风流娘儿们》（1598）、《威尼斯商人》（1596—1597）、《第十二夜》（1600）等。

莎士比亚的喜剧一般是浪漫喜剧，他的 13 部喜剧，大都以爱情、友谊、婚姻为主题，主人公多是具有人文主义智慧和美德的青年男女，通过他们争取自由、幸福的故事，歌颂进步、美好的新风尚，同时也温和地揭露和嘲讽旧事物的衰朽和丑恶，如禁欲主义的虚矫、清教徒的伪善和高利贷者的贪婪卑鄙。剧情洋溢着蓬勃的生机和乐观的气氛，故事情节大多得到圆满的结局，这些喜剧充满了一个人文主义者解决社会矛盾的理想和信心。

悲剧

莎士比亚一生创作了 10 部悲剧，其中《哈姆雷特》（1601）、《奥赛罗》（1604—1605）、《李尔王》（1605—1606）和《麦克白》（1605—1606）合称为莎士比亚的四大悲剧，其创作艺术达到了最高水平。

莎士比亚创作的悲剧被世世代代的人们奉为经典。剧情大多紧扣英国现实社会，探讨王权问题，幻想依靠一个好的皇帝来建立一个自由自在的理想社会。他的悲剧标志着对时代、人生的深入思考，描写了美好理想和丑恶现实之间的矛盾以及理想的毁灭，深刻揭露和批判了封建社会末期、资本原始积累时期的种种社会罪恶，阐述了封建社会崩溃、新兴资产阶级上升的必然，展现了一个人文主义者的情怀。

传奇剧

莎士比亚一生独自创作了 4 部传奇剧，与他人合作 1 部传奇剧。作品为《泰尔亲王佩里克里斯》（1608）、《辛白林》（1609—1610）、《冬天的故事》（1610—1611）、《暴风雨》（1611—1612）及《两位贵亲》（1611—1612）。

莎士比亚的悲喜混杂剧或称传奇剧突破了古希腊、古罗马关于悲剧和喜剧的严格界限，将悲剧和喜剧的美感融为一体，创造性地表现悲剧中的曙光和喜剧中的辛酸，丰富了戏剧形象和复杂的人格心理。反映了统治者内部的倾轧和斗争，反映了野心家的阴谋和篡权夺位，而更多的是用浪漫主义手法，把希望寄托于乌托邦式的理想世界和未来的青年一代，赋予了积极的现实意义。

莎士比亚无愧为"英国戏剧之父"，他的剧本《罗密欧与朱丽叶》（1594—1595）、《特洛伊罗斯与克瑞西达》（约1602）、《泰尔亲王佩里克里斯》（1608）是 18 世纪狄德罗、博马舍、莱辛等后人提倡的"正剧"的先声。本·琼森称他为"时代的灵魂"，马克思称他为"人类最伟大的天才之一"，被誉为"人类文学奥林匹斯山上的宙斯"。他的大部分作品被译成多种文字，他的剧作也在许多国家上演，经久不衰。

莎士比亚生活的时代在历史上被称为"文艺复兴时代"，那是一个充满蓬勃生机和残酷斗争的伟大时代，旧的制度在灭亡，新的制度在诞生。人文主义者是欧洲文艺复兴时期新思想和新文化的代表，主张以"人"为本，强调人的聪明才智和力量，用人文主义来反对封建教会和各种封建思想，用追求财富和幸福的权利来反对天主教的禁欲思想，用当前的"地上的"快乐来反对天主教散布的死后"天堂里"的幸福。他们用理性来反对中世纪蒙昧主义和神秘主义，用博爱来反对封建压迫，用歌颂友谊、爱情、个人品德来反对中世纪的等级制度。

人文主义是这个时代的进步思想潮流。随着人文主义的兴起，教会的精神统治和专政崩溃，人们意识到了自身的价值，莎士比亚就是一位伟大的人文主义者。他的所有作品广泛而深刻地反映了这个新旧交替时代的社会现实。

德国学者盖尔维努斯根据莎士比亚的思想和艺术技巧的发展把莎士比亚的创作活动大致分成三个时期：第一个时期（1590—1600），以创作历史剧和喜剧为主，情调乐观开朗；第二个时期（1601—1607），以创作悲剧为主，风格沉郁悲愤；第三个时期（1608—1612），以传奇剧为主，风格既沉郁又愉快，提倡宽容谅解。

2. 早期创作（1590—1600）

莎士比亚早期作品的特点是富于乐观精神和鲜明信念，追求欢乐生活，反对禁欲主义。作品的体裁主要是诗歌、喜剧和历史剧。

1590—1600 年的英国，正值伊丽莎白女王统治时期，王权巩固，经济繁荣，人民生活安定，社会稳固，王室与工商业者及新贵族的联盟正处于发展阶段。尤其是在 1588 年，英国打败西班牙"无敌舰队"后，民族意识和爱国热情空前高涨。

这期间，莎士比亚创作了 9 部历史剧、10 部喜剧、3 部悲剧、两首长诗以及 154 首十四行诗。这些作品体现了莎士比亚的乐观主义情绪，充满了人文主义的思想。莎士比亚明朗、乐观的写作风格，说明他对和谐解决生活矛盾和社会矛盾充满信心。

歌颂爱情、美德的长诗和"莎士比亚式"的十四行诗

莎士比亚的两首叙事长诗是《维纳斯与阿多尼斯》（1593）和《鲁克丽丝受辱记》（1594），其题材分别来源于罗马诗人奥维德的《变形记》和《岁时记》。在《维纳斯与阿多尼斯》中，莎士比亚通过褪去神性的维纳斯的人间之恋，张扬了人性，将人性中最本质的东西在"爱"与"美"中表现出来，将爱与自然联系起来，并赋予人性以崇高的地位，表现了爱情的不可抗拒，与当时的禁欲主义针锋相对。在《鲁克丽丝受辱记》中，莎士比亚借鲁克丽丝的悲剧形象，触及了社会的道德与权力、美德与罪恶等影响社会稳定和发展的根本问题，宣布了人性与爱欲必须服从道德的约束，发出了对人与人性的最强烈呼喊，这是一首描写美德的悲情诗歌。

十四行诗是源于意大利民间的一种抒情短诗，大多为歌唱爱情而作，故有"爱情十四行诗"之称。十四行诗结构十分严谨，有一定的节奏、押韵法。文艺复兴初期盛行于整个欧洲，16 世纪传到英国。

莎士比亚的十四行诗仍是抑扬格五音部诗，但在题材结构上进行了重大革新。他将意大利典范式的十四行诗的两个四行诗节和两个三行诗节构成改成了三节四行诗和一节两行诗的结构。首节四行点题，次节四行展题，第三节向结局推进，最后两行是全诗的"结论"。每行十个音节，韵脚排列精确，特别是最末两行概括的诗意，成为全诗警策。对诗人而言，诗的结构越严谨就越难抒情，而莎士比亚的十四行诗却毫不拘谨，自由奔放，

正如他的剧作天马行空，其诗歌的语言也富于想象，感情充沛。

莎士比亚的诗作具有丰富多变的旋律、往复回环的声韵、明快和谐的节奏，用韵自由，前后呼应。他在第76首诗中说，"推陈出新是我们无上的诀窍"。人们称莎士比亚十四行诗为"莎士比亚式"或"英国式"。

莎士比亚的十四行诗不仅结构巧妙、语汇丰富，还反映了这一时期的人文主义思想，具有很强的时代特征。因此，他的十四行诗被大多数评论家认定具有一定的自传性，从中可以窥到一些莎士比亚的真实生活痕迹。

莎士比亚在1592—1598年间创作了大量的十四行诗，其中154首被收录在《莎士比亚的十四行诗》中，该诗集在1609年于伦敦首次出版。

莎士比亚的十四行诗在英国诗歌史上具有很高的地位，是对爱、性欲、生殖、死亡和时间的本性进行的深刻思考，当得起空前绝后的美称。

莎士比亚在诗中深刻批判了当权者的罪恶和官府的专横，揭露了不公平、不人道的社会现实；赞颂了友谊和爱情，抒发了诗人对人生的理想；剖析了人性的弱点。

（1）表达对社会丑恶现象不满的，比如第66首中的第二节和第三节。

高贵的荣誉被可耻地放错了地位，

强横的暴徒糟蹋了贞洁的姑娘，

邪恶，不法地侮辱了正义的完美，

拐腿的权势损伤了民间的康强，

艺术，被官厅统治得不哼一声，

愚蠢的伪学者控制着聪明，

单纯的真理让人们瞎唤作愚笨，

被俘的良善侍候着罪恶将军。

这首诗在莎士比亚的全部十四行诗中有着特殊的地位，作者用尖锐的语言直接控诉当时的英国社会。那个年代，社会上尔虞我诈、弱肉强食的丑恶现象很普遍。莎士比亚在诗中对这些现象进行了无情的揭露和批判。当时伶人和剧作家的社会地位很卑微，他们的人格受到轻视，作为演员和剧作家的莎士比亚有着深切的体验。在这首诗中，我们能看到莎士比亚愤愤不平的心情，如诗中总结性的这句"被俘的良善侍候着罪恶将军"，对社会上的丑恶现象进行公开的批判和谴责。这在他的诗中是很少见的。这些被指斥的现象，普遍存在于人类的社会历史上，因此，这首诗具有了积极的普遍的恒久的价值。评论家刻尔纳（Kellner）说，这首诗是莎士比亚"十四行诗中的一颗明珠；这首诗中没有一个字在今天不具有丰富的含义；整首诗如此具有普遍意义，如此不受时间的限制"。

（2）歌颂友情美好的，比如第18首。

> 我怎么能把你比作夏天？
>
> 你比它更可爱，更温婉；
>
> 狂风摇晃着五月可爱的嫩蕊，
>
> 夏天的租期未免太短；
>
> 有时天上的眼睛太灼热，
>
> 他金色的圣额常遭掩蔽；
>
> 任何的美都因无常而凋落，
>
> 被偶然的或者自然的法则所摧残；
>
> 但你永恒的夏天不会消逝，
>
> 也不会失去你现在拥有的美丽，
>
> 死神也不夸口你在他影里徘徊，
>
> 你在不朽的诗中与时间同长，
>
> > 只要人类在呼吸，眼睛看得见，
> >
> > 这诗将长存，并且赐给你生命。

这是莎士比亚十四行诗中的名篇之一。诗的开头将"你"比作夏天。

自然界的夏天是绿的世界，万物繁茂的季节，是自然界生命最昌盛的时刻。那醉人的绿与鲜艳的花一道，将夏天打扮得五彩缤纷、艳丽动人。诗人认为大自然中的每一种美总会因为时机或者自然界的变化而失去美或者凋落，况且夏天的期限太短，"狂风摇晃着五月可爱的嫩蕊，夏天的租期未免太短；有时天上的眼睛太灼热，他金色的圣额常遭掩蔽"。他称爱友是"永恒的夏天不会消逝"，他认为美的东西只有反映在人的创作中才能成为不朽。诗人用自己不朽的诗篇赞美友情，让爱友在不朽的诗中与时间同长，"只要人类在呼吸，眼睛看得见，这诗将长存，并且赐给你生命"。

莎士比亚在这首诗中，赞美了爱友的美貌，也表达了创作是不朽的力量。诗人的预言实现了，他的诗几百年来在启迪着人们的思想和心灵，他的诗歌颂深情厚谊的友爱，被千万人传诵，见证着美好的友情是可以超越时间、经受自然界考验的。

（3）对人性弱点进行剖析的，见第129首。

生气丧失在带来耻辱的消耗里，

是情欲在行动；情欲还没成行动

已成过失，阴谋，罪恶，和杀机，

变得野蛮，狂暴，残忍，没信用；

刚尝到欢乐，立刻就觉得可鄙；

冲破理智去追求；到了手又马上

抛开理智而厌恶，像吞下诱饵，

放诱饵，是为了使上钩者疯狂；

疯狂于追求，进而疯狂于占有；

占有了，占有着，还要，决不放松；

品尝甜头，尝过了，原来是苦头；

事前，图个欢喜；过后，一场梦；

这，大家全明白，可没人懂怎样

去躲开这座引人入地狱的天堂。

在这首诗中，诗人以入木三分的笔触深刻剖析了人性的普遍弱点——贪婪。其剑锋指向了一切情欲、财欲、名欲、权欲的贪婪者们，指向了当时社会的各种丑恶现象。为了满足自己的贪欲，人变得野蛮、狂暴、残忍、没信用，甚至失去理智，疯狂占有。当这些都得到了，品尝甜头，尝过了，原来是苦头；欢喜过后，是一场梦。诗人怜惜地规劝，"躲开这座引人入地狱的天堂"吧！

综观莎士比亚的十四行诗，其诗风甜蜜而富有哲理，感情充沛，美丽的语汇将友谊和爱情所带给人的无穷无尽的美感和享受抒发到极致，时而以一个大写高雅而不切合实际的浪漫派贵族诗歌的诗人出面，时而以一个现实主义诗人出面，给十四行诗的传统格式注入了深刻的生活内容，洋溢着真情实感。

苏联文学批评家阿尼克斯特说："莎士比亚的《十四行诗集》是文艺复兴时代英国抒情诗的精华。如果把那些成规俗套很明显的诗篇丢开，那么在其余的十四行诗中我们便会感到真正的人情味、巨大的激情与人道思想。《十四行诗集》以礼赞生活的颂歌开头，以近似悲剧的心情结束，这一点就使这么一部小小的诗集反映出时代的全部精神史，由之也反映了时代的现实的历史。《十四行诗集》无论是在莎士比亚本人的诗作中，还是在他所处的时代的诗坛上，其所以占的地位如此之高，正因为它们是文艺复兴时代的抒情概括。"

喜剧中的浪漫主义和淡淡的忧伤

莎士比亚毕生共写了13部喜剧，其中有10部喜剧创作于这一时期。所以，有人把莎士比亚的这一时期称为"喜剧时期"。从《错误的喜剧》

（1592—1593）到《第十二夜》（1600）都有五彩缤纷的生活图景，引人入胜的故事情节，积极有为的人物，充满诗剧的喜剧语言，令人捧腹的插科打诨，轻歌曼舞和轻松愉快的戏剧气氛。人文主义人生观、感情观、婚姻观、友谊观和道德观对于封建思想和道德的胜利，构成了莎士比亚喜剧的重要主题。《威尼斯商人》（1596—1597）是其喜剧的代表作，其他几部著名的喜剧，如《仲夏夜之梦》（1595—1596）、《无事生非》（1598—1599）、《皆大欢喜》（1599—1600）、《温莎的风流娘儿们》（1598）和《第十二夜》（1600）等都是在这个时期完成的。剧中描写了坚毅勇敢、温柔美丽的青年男女，他们冲破重重封建阻拦，最终获得自由和爱情，表现了人文主义者歌颂自由爱情和反封建禁欲束缚的社会人生主张。就连这个时期创作的以悲剧结局的悲喜剧《罗密欧与朱丽叶》（1594—1595）也同样具有不少明朗乐观的因素。戏剧结构大多是善战胜恶，恶徒最终受感召而幡然悔悟。戏剧的冲突，往往是凭借个人的聪明才智获得敌对双方的谅解，而不是你死我活的斗争，这也反映了人文主义思想的局限。

喜剧都应该有一个"快乐的结局"。莎士比亚早期的喜剧除了有一个"快乐的结局"外，还有一些明显的、与众不同的特点，即：

（1）莎士比亚的喜剧主题是写爱情、友谊和婚姻的，借此来表现人文主义者的理想。如《皆大欢喜》中，写了奥兰多与罗瑟琳、奥列佛与西莉娅这两对贵族青年男女的纯洁爱情，也写了牧人西尔维斯与牧女菲必、小丑试金石与村姑奥德雷这两对平民青年男女的朴素爱情，他们历经艰险曲折，最后四对恋人同时结婚，正所谓"有情人终成眷属"，皆大欢喜。

（2）莎士比亚的喜剧大都具有浓厚的浪漫主义色彩。如《仲夏夜之梦》，有美丽的森林，有仙后和小仙子，有北欧矮人之王的仙王奥布朗，有英国民间传说里极富传奇色彩的精灵好人罗宾，有豆花、蜘蛛和娇小玲珑的飞蛾，还有妙不可言的音乐，等等。这不是单纯的喜剧，简直是一篇充满诗情画意、引人入胜的美丽童话世界。《威尼斯商人》中，女主人公鲍西娅选择丈夫只能按父亲的遗嘱进行，在自己闺房里放了金、银、铅3个匣子，任凭求婚者来选。若选中了里面装有鲍西娅小照匣子的人，此人便可以娶鲍西娅为妻，也是具有浓厚的浪漫主义情节色彩。

（3）莎士比亚的喜剧通常有一个主要情节，多条故事情节线并行。如《温莎的风流娘儿们》剧中有三条平行情节线索：一是破落骑士福斯塔夫的一系列冒险行为和经历；二是安·培琪姑娘的情感线；三是法国医生卡厄斯和威尔士牧师爱文斯二人间的争执情节线。《仲夏夜之梦》故事线索有四条：一是雅典公爵忒修斯与其未婚妻希波吕忒之间的关系；二是拉山德与赫米娅、狄米特律斯与海丽娜四人之间的爱情纠葛；三是仙王奥布朗与仙后提泰妮娅之间的争吵；四是以波顿为首的众工匠之间的关系。

莎士比亚的这些喜剧，情节错综复杂，每条线索既相对独立，又紧密相连；既有现实生活，又有仙境和幻想。整个喜剧跌宕多姿、扑朔迷离，极富艺术魅力。

最早的4部喜剧《错误的喜剧》（1592—1593）、《驯悍记》（1593—1594）、《爱的徒劳》（1594）、《维洛那二绅士》（1594—1595）是大胆模仿和多方尝试的成果，为后6部成熟的浪漫喜剧《温莎的风流娘儿们》（1598）、《仲夏夜之梦》（1595—1596）、《威尼斯商人》（1596—1597）、《无事生非》（1598—1599）、《皆大欢喜》（1599—1600）和《第十二夜》（1600）奠定了基础。

前4部喜剧：

《错误的喜剧》根据罗马剧作家普劳图斯的《孪生子》改写而成，以伊勤被处死作为情节的开端，又以婚姻美满、父母子媳团圆收场。因增加了一对孪生仆人和一些情节，使喜剧的误会穿插得更加机敏，同时增添了浪漫主义色彩和悲伤因素。

《驯悍记》写的是凯瑟丽娜怎样被丈夫驯服，由一个倔强的妇女变成俯首听命的妻子的故事。表现出可笑而又高明的驯悍手法，以妻子的顺服结果显示了爱情的美好及夫妻关系的和美。

《爱的徒劳》是这一阶段最具独创性、最富浪漫色彩的剧作。那瓦国国王腓迪南和他的3位宠臣为了创造世界奇迹，向自己的感情和一切世俗欲望挑战，他们发誓苦读3年不见一个女人，每天只吃一餐，每晚只睡3个小时。结果，当看到美丽的法国公主和她的3位侍女们，个个都成了痴心的情郎。作品嘲笑了君臣四人发誓治学不亲女色却又陷入情网，反映了人文主义者看重爱情、反对禁欲主义的思想。这部喜剧采用自我否定的写法来否定禁欲主义，倡导从自然的人性出发，歌颂了爱情的美好。

《维洛那二绅士》描写了意大利维洛那两位年轻绅士凡伦丁和普洛丢斯，他们是好朋友。凡伦丁到达米兰公爵府后，爱上了公爵的女儿西尔维娅，西尔维娅也爱上了他。普洛丢斯在父亲的逼迫下离开了恋人朱丽娅，也到公爵府求职，一见到西尔维娅便立刻爱上了她。他向公爵密告了凡伦丁和西尔维娅要私奔的事情，导致凡伦丁被放逐。凡伦丁成为强盗们的首领。而朱丽娅为了寻找爱人，女扮男装只身前往公爵府并当上了侍从。西尔维娅面对着父亲的逼婚，逃出王宫，却被凡伦丁领导的强盗们抓获。普洛丢斯却带着伪装成他的侍从的朱丽娅前来拯救西尔维娅。普洛丢斯在众人面前向西尔维娅诉说爱意，却发现凡伦丁也在现场。普洛丢斯不由得感到一阵羞愧，他当下表示忏悔。凡伦丁大度地原谅了他。而朱丽娅也向普洛丢斯表明身份，他被朱丽娅坚贞的爱所打动，重新爱上了她。由于凡伦丁对西尔维娅勇敢的爱，公爵决定成全他们，于是两对相爱的人一起回到王宫举行盛大的婚礼。作品借两对青年男女的爱情和友谊的纠葛，提倡忠贞不渝的爱情。

后6部喜剧：

在后6部成熟的喜剧中，《温莎的风流娘儿们》是以英国现实为背景，写的是市民下层妇女揭穿温莎地方破落的封建骑士福斯塔夫"求爱"骗钱的把戏。福斯塔夫是莎士比亚继《亨利四世》之后，又一次成功塑造的典型形象。他既无生活理想，又无经济来源，嗷嗷如丧家之犬。他"把骑士的荣誉高高搁起，逢到该偷、该抢、该骗的当儿照样下手"。他的想法和做法却被温莎的风流娘儿们将计就计，玩弄于股掌之中，把他当作一筐肉屑、骨头扔进泰晤士河里。

其余5部《仲夏夜之梦》《威尼斯商人》《无事生非》《皆大欢喜》和《第十二夜》均以贵族青年相爱为故事情节，经过了波折和困境最终完婚的故事。以此宣扬真挚的友谊与爱情，歌颂为幸福奋争的勇气。剧情通常以大自然或理想境界为背景，借以对比不称人意的现实环境。

主人公当中以新型少女为突出人物，通过描写她们争取自由和爱情的行动来显示出她们完美的个性、耐心和机智，显示出她们语言的睿智和光彩。常见的情节是对抗家长严命或其他厄运，有女扮男装、误会隔阂等细节。围绕中心人物的有小丑、手工匠、警察、乡巴佬等"怪癖平民"，使人更加感到"快乐英国""黄金时代"的风貌。每一部剧的剧情都很独特，没有雷同感。

《仲夏夜之梦》剧照

《仲夏夜之梦》是莎士比亚喜剧创作走向成熟的标志。该剧歌颂爱情的力量，把神话世界与现实社会相结合，具有强烈的幻想性和抒情性。在仲夏的夜晚，赫米娅和拉山德这对恋人为了对抗一道荒谬无比的律法而相约出逃；当他们逃往林子后，另一对青年男女和精灵的介入使彼此爱的对象混淆。一阵混乱之后，众人终于恢复理智，人与人关系和谐。而这一切都发生于城市与森林、清醒与睡眠、真实与梦幻之间。该剧的主旨是爱情不受父母之命的约束，要自由选择生活伴侣。全剧在"夜"和"梦"上做文章，月光、魔法、情人们的扑朔迷离，使全剧富于诗意和动感。工匠们串戏的滑稽表演，又增添了趣味性和对比性。

《威尼斯商人》是根据意大利民间故事改编的，是莎士比亚早期喜剧中最富于社会讽刺性的一部。它描写了安东尼奥与夏洛克的戏剧冲突。安东尼奥是个以宽厚为怀的富商，而犹太人夏洛克是个狡黠、凶狠的高利贷者。安东尼奥的好朋友巴萨尼奥要追求鲍西娅，因生活拮据向安东尼奥求借 3000 块钱，安东尼奥决定对其相助，正赶上手头缺少现金，便以他那尚未回港的商船为抵押品，向夏洛克借了 3000 块钱。夏洛克对安东尼奥一向无偿资助他人的做法和曾指责自己的盘剥行为等事耿耿于怀，于是借此机会设下圈套，要求他签下了"三个月逾期不还钱就要安东尼奥割下一磅肉"的契约。巴萨尼奥求亲顺利并且得到了鲍西娅的芳心。正当两人沉浸在爱情的甜蜜中时，巴萨尼奥接到了安东尼奥的来信，信中说他的商船行踪不明，就要与夏洛克走上法庭，由威尼斯公爵裁定还借款一事，要与好友见最后一面。巴萨尼奥带着钱赶紧奔回威尼斯营救。与此同时，聪慧的鲍西娅与侍女尼莉莎也偷偷地化装成律师及书记员，赶去救安东尼奥。结果，鲍西娅以"取一磅肉

《威尼斯商人》剧照

不能带走一滴血"的条件扭转了局面，赢得了这场官司。安东尼奥的商船也顺利到港，喜剧气氛达到高潮。

《威尼斯商人》在描绘安东尼奥的正直与仗义、鲍西娅的智慧与美德的同时，更借犹太高利贷者夏洛克强索一磅肉的情节，来分析仇恨的根源、反对报复的残忍，批评了基督教徒的民族歧视。安东尼奥和夏洛克的人物形象具有超出剧本范围的悲剧色彩和生命力。莎士比亚有意识地把情节喜剧逐渐变成性格喜剧，由人物带来的喜剧因素和戏剧冲突建立在性格之间或性格之中的种种矛盾上。

《无事生非》描写王子见好友克罗迪欧与领主的女儿希罗一见钟情，欲为陷入情网的克罗迪欧和希罗举行婚礼。王子的弟弟约翰因为功劳被克罗迪欧抢去而怀恨在心，决心要破坏这场姻缘，从而展现了一场爱恨情仇的故事。这是一条感情主线，许多戏剧性还来自另一条感情线，王子的亲信班纳蒂克与希罗的表姐碧翠丝之间，由于爱恨交织的机智对答展开的故事情节，突出了这条次要情节中男女主人公从不爱到爱的转变，表现了人物的聪明机智和内在力量。愚蠢而滑稽的警察道勃雷是莎剧中不朽的丑角形象。

《皆大欢喜》取材于托马斯·洛治的传奇小说《罗瑟琳达》，洛治的小说是根据 14 世纪的《盖姆林故事》改编的。该剧讲述了被放逐的公爵的女儿罗瑟琳与受到长兄虐待的奥兰多的爱情故事。该剧有三条线索：一是老公爵被弟弟弗莱德里克篡夺了爵位，并被放逐到亚登森林；二是奥兰多被他的哥哥岳力佛夺去产业，欲谋害他的性命，被迫逃到亚登森林；三是老公爵的女儿罗瑟琳被其叔叔驱逐，与叔叔的女儿西莉娅逃奔亚登森林。罗瑟琳与奥兰多、忧郁者杰克斯、宫廷弄人试金石、失势公爵和随从们共享林中生活以及田园风光。剧中几条线索、几对情人的穿插搭配，欢乐嬉戏中的至情、机智和人生体验，都令人喜爱。该剧表达了真挚的友谊，罗瑟琳和西莉娅是堂姊妹，西莉娅的父亲弗莱德里克篡夺罗瑟琳父亲的公爵之位，但这两位堂姊妹一直相亲相爱，宁可一同逃往森林里过艰苦生活，也不愿分离。该剧歌颂了纯真的友情，也温和地揭露社会的丑恶现象。莎士比亚亲自参加了演出，扮演老仆人亚当。

《第十二夜》得名于西方的传统节日，由"第十二天"而来。"第十二天"指每年圣诞节（十二月二十五日）后十二天，即一月六日，为基督教的"主显节"，是圣诞狂欢节日之最后一天。到了伊丽莎白时期，主显节已经演变成狂欢作乐的日子，所以《第十二夜》的剧名，或许暗示着这是一个脱离现实的世界，所有事情和现象都可以发生。

故事主要叙述薇奥拉和西巴斯辛是孪生兄妹，他们在一次船难中离散了。妹妹薇奥拉改扮男装化名西萨里奥到伊利里亚的奥西诺公爵家中当男仆，并爱上了奥西诺公爵。当时的奥西诺公爵疯狂地爱上了奥丽维娅小姐。薇奥拉被公爵指派向奥丽维娅传达爱慕之意，但是被奥丽维娅拒绝了。奥丽维娅却对薇奥拉一见钟情。薇奥拉拒绝奥丽维娅。奥丽维娅巧遇薇奥拉的孪生兄长西巴斯辛，奥丽维娅再次向西巴斯辛（她以为是薇奥拉）求爱，对奥丽维娅一见钟情的西巴斯辛立刻同意结婚。奥西诺公爵也察觉到薇奥拉对自己的爱情，两人终成眷属。该剧还借大管家马伏里奥的思想行为，嘲讽了清教徒的虚伪骄矜。剧本以孪生误认、傻骑士求婚、多重的恶作剧等次要情节，制造出适合节日的热闹欢乐气氛，小丑费斯特的行为、言语，更增添了喜剧效果。兄妹相聚，情人结合，使喜剧在费斯特的歌声中完美结束。全剧充满了甜美可爱和插科打诨，没有讽刺和愤怒，它针对荒唐事而非可笑事。

《第十二夜》是莎士比亚在第一时期里写下的最后一部喜剧，是一部向欢乐告别的喜剧。此后，莎士比亚写作转向"阴郁的喜剧"和悲剧。

由于莎士比亚在这一时期写下的大量的脍炙人口、广为流传的喜剧，人们往往称之为"喜剧时期"。

历史剧再现英王朝兴衰

莎士比亚毕生所写的10部历史剧，有9部创作于这一时期。莎士比亚的历史剧再现了英国1422—1485年的历史故事。

莎士比亚开始走上创作道路，适逢英国正处在历史上一个意义重大的关头。他对社会生活有了深刻的了解，他要用笔把英国很多王朝的兴衰荣辱搬上舞台。

历史剧是以历史事实为题材的，而莎士比亚的历史剧则全部是写英国历史上的帝王的。《约翰王》（1596—1597）写的是13世纪的历史，其余8部所展现的都是14—15世纪百余年的重大史实。在剧中，莎士比亚谴责封建暴君，歌颂开明君主，展现了各种巨大的社会力量冲突，表现了人文主义的反封建暴政和封建割据的开明政治理想。全剧都贯穿着国家统一的思想。这8部历史剧构成两个"四部曲"。

第一个"四部曲"是《亨利六世》上、中、下篇（1590—1591）和《理查三世》（1592—1593）。

《亨利六世》上、中、下篇和《理查三世》写的是约克和兰开斯特两大家族为争夺英国王位进行了长达数十年的战争。约克家族和兰开斯特家族是英国15世纪两大封建贵族，兰开斯特家族的族徽为红玫瑰，约克家族的族徽为白玫瑰，他们之间的战争被称为"红白玫瑰战争"（1455—1485）。最终英国王位由兰开斯特家族转入约克家族手中，历史进入约克王朝时期。

第二个"四部曲"是《理查二世》（1595—1596），《亨利四世》上、下篇（1597—1598）和《亨利五世》（1598—1599）。

这4部历史剧反映的是英国历史上金雀花王朝结束、兰开斯特王朝开始的历史。其中最有代表性的是《亨利四世》上、下篇和《亨利五世》。通过这3个情节连贯的剧本，莎士比亚为我们塑造了亨利四世和亨利五世的鲜明形象。

《亨利四世》是根据霍林谢德的编年史和一出老戏改编的。写的是一个纷扰不安的朝代，描述了封建制度下封臣割据与君主集权两个对立的原则之间的斗争。因理查二世昏庸无道、寡德无能，被堂弟篡夺了王位；亨利四世继理查二世之后成为英王后，他治国有方，平复各路叛逆诸侯，平息了叛乱，政权稳固。但他在王位上一刻也不觉得安稳，他的"篡位"让他终日忧心忡忡。他担心他的臣民起来造反，特别是当珀西家族也跟威尔士人联合起来反对他时，他更不得安宁。这场叛乱被国王的小儿子哈尔亲王带领军队平息。

剧中人物性格特征鲜明，如哈尔亲王的粗野鲁莽、珀西的勇敢叛逆、国王的多疑疲惫。

莎士比亚把哈尔亲王当作一个理想的储君来描写，即便如此，他也没有把这位储君写成完美无缺、超凡入圣、头上有着灵光的神人，而是不回避矛盾，写了年轻时的哈尔亲王浑浑噩噩、整日流连在酒肆饭馆等娱乐场所。后经过父辈教育，他逐步认识错误，决心改恶从善，终于成为一个英勇善战、德智俱全的军队统帅。父亲亨利四世逝世后，他登上王位，成为一位贤明公正、励精图治的贤明君主亨利五世。

剧中有一个人物令人难忘并流传至今，那就是约翰·福斯塔夫爵士。他是一位又老又胖又丑的骑士，是哈尔亲王寻欢作乐时的朋友。他品行不端，自私狡黠，懒惰畏缩，但有时候他也能表现出机警、灵巧、欢快的一面。他是一个十分矛盾的人物，历史上关于他的论述很多。战争爆发后，哈尔亲王统率全军，福斯塔夫也带领一队乌合之众参战。当遇到叛军时，

约翰·福斯塔夫舞台形象

他就躺下装死。当哈尔亲王杀死了亨利·珀西时，他一跃而起，大言不惭地说珀西是他杀死的。

《亨利四世》上、下篇的艺术成就最高，它描绘了平民社会的图景，创造了福斯塔夫这一不朽的喜剧人物形象，使得历史题材充满喜剧性。

《亨利五世》是莎士比亚 16 世纪 90 年代唯一一部以成功君王为主角的历史剧，其情节不涉及阴谋与反叛。通过王子即位前的平定国内叛乱和即位后的对法战争，写出了一个理想君王的基本品性和成长过程。在当时的英国，王权代表着相对的统一和安定，符合资产阶级发展生产力的要求，有一定的进步意义。亨利五世的统治被描写得辉煌无比，由他统率的英国军队，虽然实力远不及对手，却大获全胜。亨利品格高尚，富有魅力，是一个理想化的人物。该剧体现了莎士比亚的人文主义政治理想，剧情洋溢着爱国激情。

莎士比亚歌颂了亨利五世，而在《理查二世》一剧中，对无道昏君理查进行了严厉谴责。由此可见，莎士比亚明辨是非，根据历史事实对历史人物进行严正的褒贬。

两个"四部曲"写出了英国 14 世纪末至 15 世纪末百年的历史，写了这一阶段英国王室的纠纷、内部动乱、对法战争和"红白玫瑰战争"等重大事件，展现了英法百年战争和封建内战期间的国家的分裂和人民的苦难。描写了凯德起义和王朝更替，表现出贵族不和造成对外战事失败、民族英雄牺牲、长达 30 年的玫瑰之战。这些历史剧都反映了新兴阶级对社会安定和国家统一富强的强烈要求，而贯穿这 8 个剧本的一个重要精神，就是当时人文主义者的爱国主义时代精神。这些历史剧深刻地反映了英国人民反对封建割据、反对封建暴君、渴望民族统一的愿望，也让普通民众有机会了解了自己国家的历史。

由于莎士比亚和马洛等剧作家的努力，历史剧作为一种独立的戏剧体裁，在 16 世纪 90 年代开始腾飞，成为伊丽莎白时代最重要的戏剧形式。

喜剧时期的悲剧不失希望的曙光

这一时期莎士比亚还写了 3 部悲剧，即《泰特斯·安德洛尼克斯》（1593—1594）、《罗密欧与朱丽叶》（1594—1595）和《裘力斯·恺撒》（1599—1600）。

《泰特斯·安德洛尼克斯》仿效罗马流血悲剧的写法，充满了激情和仇杀。写的是罗马大将军泰特斯征伐哥特人 10 年后胜利回国，并俘虏了哥特人皇后塔摩拉及她的儿子们。罗马新国王萨特尼欲迎娶泰特斯的女儿拉维妮亚，但拉维妮亚与王弟巴西安早已订下婚约。国王盛怒之下改立了塔摩拉为皇后。塔摩拉为报复泰特斯的杀子之仇，与其姘夫黑奴艾伦开始了疯狂的阴谋杀戮。伏杀巴西安，强奸了拉维妮亚，诬陷并杀害泰特斯的儿子们。泰特斯带着儿子们进宫杀了塔摩拉皇后和她两个儿子，被国王的卫兵抓住，赐死。这是英国戏剧的典范，也是莎士比亚最成功的戏剧作品之一。

《裘力斯·恺撒》是以古罗马史为依据创作的，是一出独具特色的名剧。写的是品格高贵但不切合实际的布鲁特斯，因执着于共和主义理想，受人利用，参与杀害恺撒的阴谋，造成国家与个人的悲剧。剧情围绕古罗马

《裘力斯·恺撒》剧照

的两个政治党派之间的斗争展开。在剧中，恺撒是独裁派的代表，他功高位尊，极力扩大自己的势力；而以凯歇斯等人为首的共和派则反对个人专权，企图铲除恺撒势力，但势单力薄，于是撺掇德高望重的布鲁托斯参与他们的行动。在布鲁托斯的带领下，共和派刺杀了恺撒。之后，恺撒的心腹安东尼以热情的演说煽动罗马民众，使他们改变初衷，转而反对布鲁托斯，并将布鲁托斯等人逐出罗马城。最后，在安东尼等人的大兵围困下，布鲁托斯自杀，共和派覆灭。

《罗密欧与朱丽叶》是完全不同的抒情悲剧，是一部乐观主义的悲剧，是带有喜剧色彩的爱情悲剧。它以两仇家儿女相爱而殉情的故事，歌颂坚贞的爱情，反对封建世仇和宗法势力。剧中的喜剧性人物穿插及两家和好的结局，歌颂了友谊，表现了乐观精神，也探讨了爱情与世仇的关系。它是莎士比亚戏剧中浪漫主义抒情色彩最浓、在世界各国最受欢迎的一部悲剧，突显了人文主义者的爱情、理想与封建势力之间的冲突。

《罗密欧与朱丽叶》剧照

3. 中期创作（1601—1607）

莎士比亚中期作品的特点：反映了深刻的社会矛盾，表现出人们的怀疑情绪，其创作的悲剧、"阴暗的喜剧"和罗马剧，严峻地批判了社会邪恶势力，表达了一种阴郁、悲怆、愤慨的情调。

莎士比亚在他创作的第一个时期是以写喜剧与历史剧为主的，他创作的第二个时期则是以写悲剧为主的。第二个时期莎士比亚的创作在思想上和艺术上都达到了最高水平。

这一时期是伊丽莎白一世统治的末期和詹姆士一世君主专制统治的初期。詹姆士一世挥霍无度和倒行逆施，使人民的生活困苦加剧，民众的反抗迭起，王权与资产阶级及新贵族的暂时联盟逐渐解体，社会矛盾日趋激化，政治经济形势日益恶化，资产阶级革命开始酝酿。王权与教会、王权与国会都有巨大的矛盾。15世纪末，毛纺织业兴起，英国新兴贵族需要牧场养羊，就用暴力手段大规模剥夺农民土地。他们用栅栏及沟渠圈占了农民大片土地改为牧场，史称"圈地运动"。大批失地农民流离失所，无家可归，四处流浪，甚至死于沟壑。而封建贵族穷奢极欲、强取豪夺，过着极其荒淫腐化的生活。他们之间钩心斗角、尔虞我诈，到处是各种罪恶丑行和阴谋诡计，利己主义泛滥成灾。人民群众有冤无处申，有苦无处诉，城市的平民生活恶化。

在这种情况下，莎士比亚看清了资本主义原始积累时期的黑暗现实。他的人文主义者的美好理想与资本主义的丑恶现实形成了巨大的反差，发生了严重的冲突，他的思想感情和创作基调发生了根本的变化，创作风格也从明快乐观变为阴郁悲愤，其所写的作品也不是重在歌颂人文主义理想，而是重在揭露和批判现实社会的种种黑暗和罪恶。作品涉及政治、社会、司法、道德、伦理、哲学等各个领域，满是沉郁、悲怆和压抑下的激愤。他以锐利的眼光和高超的艺术手法，写出了一系列震撼人们灵魂的悲剧及悲喜剧，对当时的英国社会进行了广泛的描写和深刻的揭露。

莎士比亚在这一时期共写了5部悲剧：《哈姆雷特》《奥赛罗》《李尔王》《麦克白》和《雅典的泰门》；2部罗马悲剧：《安东尼和克莉奥佩特拉》和《科利奥兰纳斯》；3部喜剧（又称阴暗喜剧）：《特洛伊罗斯与克瑞西达》《终成眷属》和《一报还一报》；还写了一些十四行诗。虽然其数量只有前一时期的一半，却极为重要。因为这一时期作品的思想性和艺术性都更加成熟，而且他毕生最重要的4部悲剧《哈姆雷特》《奥赛罗》《李尔王》和《麦克白》都创作于这一时期，成为他永垂不朽的传世佳作。莎士比亚这一阶段的悲剧创作达到了高峰期。

悲剧始于社会问题，传世悲剧三大特点

莎士比亚的悲剧具备下面三个主要特点：

（1）剧情往往是以英雄人物的死亡而结束的。莎士比亚的所有悲剧无一不是以悲剧主人公的死亡而结束的。这主要是他受同时代人和先行者、英国文艺复兴时期两个著名悲剧诗人托马斯·基德（1558—1594）和克里斯托弗·马洛（1564—1593）的影响。文艺复兴时期人文主义者认为，悲剧之所以为悲剧，必须以主人公的灾难性结局而结束，这与近代和现代对悲剧的认识不同。近代和现代的人们普遍认为，悲剧不仅在于悲剧主人公个人的遭遇，而更在于悲剧表现的矛盾的深度和揭示人物思想性格的深度。在莎士比亚的悲剧里，只有《麦克白》一剧是例外，麦克白之死是由于他

本人犯了杀害贤明君主、屠杀无辜臣民的滔天大罪，其死亡是罪有应得。而在其他所有的悲剧中，主人公虽然死了，体现的是悲剧结束，但悲剧主人公为之奋斗的理想却胜利了，让人感到前途光明，剧情给人以悲壮感，而不是单纯的悲哀和悲凉。例如，在《哈姆雷特》剧中，主人公哈姆雷特死了，挪威王子福丁布拉斯带领大军来到，宣布丹麦恢复正常秩序，社会安定了，邪恶也散去了。在《李尔王》剧中，虽然李尔王死了，忠于他的臣子们却齐心合力，正在重整国家。在《奥赛罗》剧中，奥赛罗受阴谋家伊阿古的欺骗和挑拨，错杀了自己的妻子，当他得知真相后，悔恨之余拔剑自刎，他的副将凯西奥马上接任处理军政事务，并逮捕了伊阿古。在《安东尼和克莉奥佩特拉》剧中，一对情人相继死去，罗马三个执政者之一的恺撒大将把二人合葬一墓，使他们永不分离。总之，尽管悲剧中的主人公付出了宝贵的生命代价，但剧终却有光明之感，给人以安慰和鼓舞。

（2）悲剧的主人公是贵族。这是由于莎士比亚本身具备文艺复兴时期人文主义者的阶级立场和时代局限的原因，同时也由于受了古希腊、古罗马悲剧影响所致。古希腊三大悲剧家是：埃斯库罗斯（前525—前456），著有《被缚的普罗米修斯》《阿伽门农王》《七将攻忒拜》《波斯人》等悲剧；索福克勒斯（前496—前406），著有《俄狄浦斯王》《安蒂戈妮》等悲剧；欧里庇得斯（前480—前406），著有《美狄亚》《特洛伊女人》等。从古希腊的悲剧开始，经过古希腊著名文艺理论大师亚里士多德（前384—前322）在理论上总结（见亚里士多德《诗学》），一直到古罗马悲剧，人们普遍认为，只有帝王家和贵族男女遭遇的灾难才能算是悲剧。这种阶级偏见和时代观念，使得莎士比亚的悲剧主人公不是帝王、王后，就是贵族男女。

（3）悲剧人物命运根源于自身的性格和意志。即悲剧人物之所以走向不幸结局，大多不能归咎于外部环境等客观原因。只有《罗密欧与朱丽叶》是个例外。麦克白犯了弑君之罪，谋杀了贤明君主，不是由于麦克白夫人的敦促，也不是由于他在旷野碰见 3 个女巫，而是在于他自己的个人野心。《雅典的泰门》中雅典人泰门家财万贯，后来穷得无衣无食，主要责任者不是别人，而是他自己，因为他的慷慨好客和挥霍无度，他不知道他所处的人世间有多么险恶。

　　莎士比亚的悲剧广泛而深刻地揭露了社会的黑暗面，对人性做了全面透彻的剖析，深刻揭示了权势和金钱是导致人性普遍堕落的根源。莎士比亚写出了"高贵"的英雄们在残酷的现实面前可悲的毁灭，着重描绘了处于特殊情境的悲剧主人公同敌对势力的冲突以及内心的折磨或斗争，借以展示人生的价值和现实本质，反映莎士比亚对时代的深刻感受和思索。以莎士比亚的四大悲剧和《雅典的泰门》为例，做一简单阐释：

　　《哈姆雷特》中的丹麦王子理想崇高，耽于思考。他惊闻父王死的消息，接受了父王幽灵的命令。他要担负起复仇的重任，除掉杀父篡位娶母的叔父。通过一段时间的观察，他看到了人性的堕落和世界的黑暗，深感"时代脱节"，想要"重整乾坤"。他这崇高而又虚妄的理想和一味沉思、忧郁的情绪，加上孤单的处境和行动方式，使他一再怀疑、自责和拖延，使复仇计划陷入了被动情势。尽管他靠机智扭转了局面，报了父仇，但自己也被刺身亡。这充分展现了一场进步势力与专制黑暗势力寡不敌众的惊心动魄的斗争。莎士比亚善于通过主人公的内心矛盾冲突揭示人物的思想；通过人物之间的相互对比，展现崭新的人物形象；通过典型的

《哈姆雷特》剧照

戏剧冲突，深刻地概括了理想和现实的矛盾。该剧更深层地描绘了文艺复兴晚期英国和欧洲社会的真实面貌，展现了人文主义者的苦闷和本身的局限性，表达了莎士比亚对文艺复兴运动的深刻反思以及对人的命运与前途的深切关注。

《奥赛罗》是一部富有时代气息的爱情悲剧，描写了冲破封建束缚又陷入资本主义利己主义阴谋的青年男女的感人爱情悲剧，探讨了消除资产阶级野心家的罪恶、恢复人与人之间的信任问题。高贵纯朴的黑人将军奥赛罗同威尼斯贵族少女苔丝狄蒙娜相爱成婚，后来误中坏人奸计，轻信伊阿古的谗言，扼杀了妻子。在真相大白之后，奥赛罗自杀身亡。此剧在颂扬理想与爱情的同时，深刻揭露了极端个人主义的邪恶，塑造了具有典型意义的社会罪恶的体现者伊阿古的形象。该剧结构紧凑，语言动人，戏剧性强。奥赛罗的悲剧在于他把人文主义人性论中的"人性是美好的"命题抽象化、普遍化了，以致看不清现实中的复杂而深刻的矛盾。他的悲剧，实质上是人文主义理想在丑恶现实面前遭到幻灭的悲剧。

《李尔王》是一部气势宏伟、哲理深邃的悲剧，描写了刚愎自用的封建君王在真诚和伪善的事实教育下变为一个现实而具同情心的"人"的过程，探讨了家庭关系和一切旧有关系崩溃的问题。该剧取材于古代不列颠的一个民间传说，据说李尔王于公元前七八世纪登基为不列颠国王。莎士比亚创作的这部悲剧不仅抛弃了原传说的老王重登王位的结局，而且创造了李尔王发疯这个关键性的悲剧情节。剧情大意是：不列颠国王李尔刚愎自用，生性狂暴，爱听阿谀奉承。因不谙世事，要摆脱"一切世务"，把国土分给3个女儿。在分封的时候，他让每个女儿都说出对他的爱戴，以她们对他爱戴的程度给她们分配国土。大女儿高纳里尔和二女儿里根竭尽全力赞美国王，只有小女儿考狄利娅因表达了自己朴实而真挚的感情而被李尔王剥夺分地的权利并驱逐。但也因为她的诚实得到了法国国王的欢心，做了法国王后。分封国土后的李尔王被大女儿和二女儿剥夺了一切权利，最终沦落荒郊。大女儿高纳里尔和二女儿里根的忘恩负义让他狂怒、悔恨以致疯癫。但是，他的苦难却带来了新生。他离开王位，走近了人民。他从同情无家可归的乞丐开始，逐渐认清了世界的善与恶。小女儿考狄利娅在法国得知父亲的困境之后，立刻组织了一支军队，秘密在英国登陆进行营救。弄臣、老臣肯特和小女儿的忠诚和挚爱，使李尔王领悟了爱和人生的真谛。与此同时，高纳里尔与里根都爱上了为了得到爵位而陷害父亲与哥哥的爱德蒙。最终，小女儿为父亲讨伐两个姐姐而死，两个姐姐由于彼此残杀相继而亡。李尔王过于悲伤，最后崩溃而死。通过王室和贵族的内乱和李尔王的经历，莎士比亚批判了伪善的人伦关系，揭露了残酷的社会现实和邪恶的人间罪恶，也肯定了人道主义关于仁爱和善良人性的思想观点。

《麦克白》根据苏格兰历史写成，是莎士比亚戏剧中心理描写的佳作，也是最阴沉可怕的一部，揭示了野心对人性的腐蚀毒害以至毁灭的作用。麦克白原是一个苏格兰的爱国英雄，由于个人野心及外界诱惑，犯下了弑君篡位的罪恶。弑君后的麦克白日益不安、恐惧，他只能从血腥走向更大的血腥，直至被讨伐战死，成为自己权欲的牺牲品。麦克白的悲剧就在于他的恶战胜了他的善，而他的自取灭亡又说明善终于战胜了恶。麦克白道德精神的堕落，体现了邪恶欲望毁灭人性的主题。

19世纪英国文学评论家赫士列对上述四大悲剧的特点做过比较。他说：《李尔王》在激情和深刻强烈方面占先；《麦克白》在想象的狂放和剧情进展迅速方面占先；《奥赛罗》在立意与有力的情感变换方面占先；《哈姆雷特》在思想和感情精致的发展方面占先。

这一时期，莎士比亚对世界的看法不再像以前那样乐观明朗，而是蒙上了一层忧郁的色彩。他的幻想在客观现实面前正日益破灭，他逐步认识到人文主义的美好理想在现实社会里难以实现。《雅典的泰门》就探讨了金钱与友谊的关系，揭示了金钱使人性异化的社会现实，提出了金钱与罪恶的问题。《雅典的泰门》是莎士比亚的最后一部悲剧，创作于1607—1608年间。雅典富有的贵族泰门慷慨大方，他的身边聚集了一群阿谀奉承的"朋友"，无论是市井小民还是达官显贵都愿意成为他的随从和食客。他整日在家盛宴招待朋友，友人对他凡有所求，无不施舍。泰门很快倾家荡产，负债累累。当泰门家运没落求助于往日的朋友时，却遭到冷遇。他没想到他的那些"朋友"只是一些谄媚逐利、趋炎附势、奸险狡诈、见利忘义的人。他们骗取他的钱财，毫无友谊与信义。泰门发现他们的忘恩负义和贪婪后，变得日益愤世嫉俗。从此，泰门离开了他再也不能忍受的城市，躲进荒凉的洞穴，以树根充饥，过起野兽般的生活。残酷的现实终于使他认识到资本主义世界的种种伪善与罪恶。结果，他走向了另一个极端，他怀疑一切，他痛恨一切，甚至连普照万物的太阳、皎洁柔和的月亮、胸怀广阔的海洋以至孕育万物造福人类的大地，他都大肆咒骂：

> 太阳是个贼，用他伟大的吸力掠夺海上潮水；
>
> 月亮是个声名狼藉的贼，
>
> 她的惨白的清辉，是从太阳那儿偷来的；
>
> 海是个贼，他的汹涌波涛溶月亮为咸泪；
>
> 大地是个贼，他偷了万物的粪便变成肥料
>
> 使自己肥沃繁殖……

有一天，他在挖树根时发现了一堆金子，他把金子发给过路的乞丐、妓女和窃贼。在他看来，虚伪的"朋友"比乞丐、妓女、窃贼更坏，他恶毒地诅咒黄金：

> 金子！黄黄的、发光的，宝贵的金子！这东西，只这一点点儿，就可以使黑的变成白的，丑的变成美的，错的变成对的，卑贱的变成尊贵的，

老人变成少年，懦夫变成勇士……

他认识到金钱是社会普遍罪恶的根源，也认识到人文主义理想在现实生活中是无法实现的。他终于成为一个"恨世者"，他恨一切人，恨整个人类，最后泰门在绝望中孤独地死去。

莎士比亚对人物内心的挖掘极其到位，人物的塑造极具深刻性和精致性。他让鬼魂、女巫上场，直接参与舞台表演，制造气氛。剧中还出现大量的写意，如《哈姆雷特》中的"病"，《麦克白》中的"黑暗""鲜血""不合身的衬衫"，《罗密欧与朱丽叶》中的"光"，其含义无不深远。

罗马悲剧，流血的社会和政治

罗马悲剧有早期创作的《裘力斯·恺撒》（1599—1600）、中期创作的《安东尼和克莉奥佩特拉》（1607）和《科利奥兰纳斯》（约1605—1608），皆取材于普卢塔克的《希腊罗马名人传》，经改编而成的历史悲剧。

《安东尼和克莉奥佩特拉》写的是当时罗马的三大首领之一、罗马统帅安东尼因沉迷于埃及女王克莉奥佩特拉的美色而无暇于国家大事，终日与她在埃及亚历山大厮混，天天醉生梦死。罗马受到塞克斯特斯·庞贝的叛乱、海盗的骚扰和东方帕提亚人的入侵，以及安东尼妻子因向恺撒挑战失败而死的消息，这一切终于让安东尼重新振作起来，毅然回到罗马，为祖国效力。

安东尼、屋大维·恺撒和莱皮德斯组成了同盟。安东尼因与屋大维有隙，利用娶其妹为妻来巩固彼此的政治关系。这却让克莉奥佩特拉既伤心又愤怒。终于各种战事结束，莱皮德斯被留驻在罗马的屋大维废黜，导致安东尼和屋大维的两虎对峙。安东尼迫不及待地回到了埃及女王身边。安东尼在与屋大维的海上对战中，安东尼跟随埃及女王船舰而战败，最终自列。克莉奥佩特拉为此深深自责，终于看清屋大维的真面目，自杀身亡。

《科利奥兰纳斯》写于 1605 年，完成于 1608 年。莎士比亚逝世 7 年后即 1623 年才正式出版。它是一部可与四大悲剧相媲美的古罗马历史悲剧。该剧以罗马共和国时代的卡厄斯·马歇斯的生涯为基础。马歇斯是古罗马公元前 5 世纪上半期的传奇英雄。罗马史传记作家普卢塔克在他的《名人传》中记述了他的事迹。莎士

《科利奥兰纳斯》剧照

比亚就是根据普卢塔克的资料创作出此剧的。

故事情节是这样的：公元前 5 世纪罗马共和国时期，将军卡厄斯·马歇斯战功卓著，攻占伏尔斯人的科利奥城之后荣膺"科利奥兰纳斯"封号，是罗马共和国的英雄。由于出身贵族，被推举竞选执政官。因他脾气暴躁，向来蔑视群众，平民群起反对，竞选失败，成了罗马的敌人被放逐。他流亡至伏尔斯人的安息城投敌，旋即带兵围攻罗马报仇。后接受其母劝告，放弃攻打罗马，罗马因此得以保全。可这行为又背叛了伏尔斯人，最后在战乱中被伏尔斯人杀死。

上述 3 个罗马历史悲剧是社会悲剧和政治悲剧，其真谛无非在于政治机体的官能失调。

悲剧时期的阴暗喜剧

莎士比亚的中期创作和初期创作恰好相反，早期创作他以浪漫主义的

目光看待世界，乐观而开朗，甚至连悲剧《罗密欧与朱丽叶》都充满阳光和乐观的情绪。这一时期的作品，就连喜剧也充满了悲剧气氛，对生活的看法十分深刻。这期间的3部喜剧《特洛伊罗斯与克瑞西达》（约1602）、《终成眷属》（1602—1603）、《一报还一报》（又名《量罪记》）（1604—1605）被称为"阴暗的喜剧"。因弥漫在早期喜剧中的欢乐气氛和乐观情绪已经消失，相反出现了背信弃义、尔虞我诈的罪恶阴影，具有明显的悲剧情调。

《特洛伊罗斯与克瑞西达》以特洛伊战争为背景，一方面描写战争的"毫无意义"，战斗双方仅为争夺一个女人（海伦）而无休止地互相杀戮，战争既野蛮残酷，又祸国殃民。另一方面，描写了特洛伊罗斯与克瑞西达之间的"变质爱情"情节，反映出时代、人性和价值观念的变化。作品所提出的是战争与爱情的问题。在《第一对折本》中它被放在历史剧和悲剧之间，但它却具有冷峻讥诮的喜剧性。

《终成眷属》写出身卑微的美丽而有才华的少女海丽娜对年轻伯爵勃特拉姆的钟情与追求。由于社会地位的不同，思想观念的对立，后者一再拒绝前者的爱情。作品所提出的是人们普遍关心的门第与爱情的问题。

《一报还一报》反映了法律与反人道性质问题，揭露了法制的腐败和伪君子的丑恶。莎士比亚写了一对恋人仅仅因为婚前发生了男女关系，女方怀孕，其情人克劳狄奥便被判了死刑。克劳狄奥的姐姐向代理摄政王的安哲鲁求情。这个反动统治者竟提出要这位青年妇女把贞操献给他才能释放其弟的无理要求。最后因微服私访的维也纳公爵用计对抗安哲鲁滥用权威、执法犯法的行径，挽救了受害的姐弟。整个剧本格调忧郁、气氛低沉，罪恶在光天化日之下高头阔步，令人义愤填膺。莎士比亚对资本主义原始积累时期社会的丑恶面貌的认识加深了，对现实批判的意味大大加强了，严肃地提出了"强权与苛政"的社会问题。

4. 晚期创作（1608—1612）

莎士比亚晚期创作思想是：调和现实矛盾，转向梦幻世界。他的创作倾向于妥协和幻想的悲喜剧和传奇剧，充满浪漫情调，富有传奇色彩，宣扬宽恕和解。

宁静深邃的意境与浪漫空幻的寻求

1608 年以后，莎士比亚的创作进入最后时期。这一时期，詹姆士一世王朝的专制加剧，政治更加腐败，社会矛盾更加尖锐。莎士比亚看到人文主义的理想在现实社会中无法实现，而又不愿放弃自己的理想和追求以及对人的信任，就采用宽恕、宽容方式解决社会和生活中的矛盾，这是莎士比亚传奇剧最重要的思想特征，其创作风格也随之表现为浪漫空幻，从揭露批判现实社会的黑暗转向寻求梦幻世界。因此，这一时期称莎士比亚的传奇剧时期，又称悲喜剧时期。他的作品对现实的黑暗虽有所揭露，但不再是抗议、批判的态度，而是和解、宽容的态度，通过神话式的幻想和道德的感化，甚至借助超自然的力量来解决理想与现实之间的矛盾，促使坏人悔改。他的反教会、反封建斗争的锋芒减弱了，把希望寄托在乌托邦式的理想社会上。他的作品没有前期的欢乐，也没有中期的阴郁。剧中人物和情节带有传奇色彩，情节离奇曲折，情调浪漫浓郁，充满对美好生活的幻想，展现了莎士比亚思想上的宁静深邃与艺术上的甜美圆熟。

这一时期，莎士比亚写了 4 部传奇剧本、1 部历史剧本、1 部与人合作的传奇剧本。

4部传奇剧为《泰尔亲王佩里克里斯》（1608）、《辛白林》（1609—1610）、《冬天的故事》（1610—1611）、《暴风雨》（1611—1612）。1部历史剧为《亨利八世》（1613 年上演）。莎士比亚与当时著名剧作家约翰·弗莱契尔合写了传奇剧《两位贵亲》（1611—1612）。这些剧从生活真实出发，偏重曲折离奇的故事和浪漫的情趣，尽管仍写谋害篡位、欺凌妄断等罪恶，但多以上天干涉、恶人忏悔、施展魔法、失而复得等情节来实现大团圆的结局。

瑰丽多姿的传奇剧

4部传奇剧的悲剧性与中期创作的悲剧相比没有了那么多阴郁，与早期创作的喜剧相比更严肃一些。它潜在的悲剧往往是以和解与宽恕的方式结束的。

《泰尔亲王佩里克里斯》剧中的主人公佩里克里斯识破安提奥克斯父女的乱伦隐私，因惧其权势，自己远航逃离本国。此后他颠沛流离，屡遭厄运。得知妻子和爱女相继离世，他变得万念俱灰，命在旦夕。然而他奇迹般发现妻女都还活着，而且与她们团圆。这部以悲剧开始、以喜剧作结的传奇剧富有道德感化意义。

《辛白林》主要讲的是英国古代国王辛白林，因女儿与青梅竹马的恋人普修默私订终身，一气之下将普修默放逐到遥远的罗马。普修默的朋友埃契摩却认为公主会改嫁。于是两人打赌，埃契摩若能取到公主手上的手镯，普修默便认输并将戴在自己手上象征爱情的戒指送给他。奸诈的埃契摩为了赢得那只手镯，使出了各种谎言与骗术，甚至还厚颜向公主求爱。聪明的公主识破了埃契摩所有的骗局，证实了自己纯洁的心意。最后，辛白林在早年失散的两个儿子以及女儿、女婿的帮助下战胜了罗马入侵者。剧终时父子团圆，女儿、女婿也解除了误会，破镜重圆。

《冬天的故事》写西西里的国王莱昂特斯怀疑怀孕的妻子与波西米亚国王波利克塞尼斯有暧昧关系，认定孩子是私生子，发生了一系列弃婴、囚禁和追杀的事情。后受上天与良心惩处，最后以昭雪、和解的大团圆结局。

《暴风雨》是这一时期的代表作，被视为莎士比亚向戏剧告别的作品，也是全部莎剧中最短的一部，是充满了浪漫幻想的戏剧。剧中提出了理想国的主张，仿佛总结了自己一生对生活的观察，被称为"用诗歌写的遗嘱"。

故事发生在 15 世纪的意大利北部，普洛斯彼洛是意大利北部米兰城邦的公爵，由于他潜心研究魔法，向往隐居生活，就委托他的弟弟安东尼奥代理国事。结果野心勃勃的安东尼奥篡夺了爵位。普洛斯彼洛被驱逐。他抱着年仅 3 岁的女儿米兰达历尽艰险漂流到一个荒岛上。精通魔法的普洛斯彼洛用法术征服了岛上的精灵鬼怪，使岛屿变成了神奇的童话世界。十多年后，普洛斯彼洛用魔法呼风唤雨，掀起了一场大风暴，使其弟弟安东尼奥和那不勒斯国王父子乘的船碰碎在这个岛的礁石上。船上的人安然无恙，落难到岛上后，依然钩心斗角、互相倾轧。只有王子菲迪南不同流合污，并对米兰达一见钟情。经过道德感化，安东尼奥良心发现，为自己的罪恶忏悔，归还了普洛斯彼洛的爵位。普洛斯彼洛也宽恕了安东尼奥，米兰达嫁给了那不勒斯王子菲迪南，其他的恶人也都一一改邪归正，最后大家一起回到意大利。全剧

《暴风雨》剧照

在大团圆中结束。一场类似《哈姆雷特》的政治风暴，在宽恕感化中变得风平浪静。此剧还歌颂了纯真的爱情、友谊和人与人之间的亲善关系。

莎士比亚时代，英国历史上为了争夺王位、爵位，兄弟互相残杀并不鲜见。《暴风雨》所写的弟弟篡夺哥哥之位，弟弟准备杀害自己胞兄，都是很现实的，但解决矛盾的办法却是非现实的。普洛斯彼洛的智慧和包容寄托了莎士比亚对人类前途的梦想，强调了理性和智慧的伟大，描绘了想象中的理想国，这是莎士比亚最后的人文主义理想了。在《暴风雨》中，这种你死我活的矛盾斗争却被仁爱和宽恕顷刻化解了，其说服力是很小的。尽管如此，从幻想丰富、故事情节曲折、人物形象鲜明、充满浪漫主义情趣以及诗歌的艺术技巧来说，《暴风雨》仍不失为莎士比亚第一流的作品。

在《暴风雨》这部最后的作品中，莎士比亚表达了人间最美好的主题——爱情、友谊、宽恕。他认为，人与人之间的和睦是人间最美好的东西。剧中普洛斯彼洛让米兰达和菲迪南王子看了幻景以后对他们说了这样一段话，似乎是莎士比亚的告别词："我们的狂欢已经终止了。我们的这一些演员们，我曾经告诉过你，原是一群精灵；他们都已化作淡烟而消散了。如同这虚无缥缈的幻景一样，入云的楼阁，瑰玮的宫殿，庄严的庙堂，甚至地球自身，以及地球上所有的一切，都将同样消散，就像这一场幻景，连一点烟云的影子都不曾留下。构成我们的料子也就是梦幻的料子，我们的短暂的一生，前后都环绕在酣睡之中。"

莎士比亚的传奇喜剧，是以童话或传奇的手法处理喜剧人物和他们的遭遇。这些作品的现实主义成分大大减弱，对社会的批判性也削弱了，尖锐的社会矛盾常常用非现实的方法解决了。但其特有的瑰丽多姿充分展示了他后期创作思想上的宁静深邃与艺术上的甜美圆熟，标志着他创作生涯的又一境界。

第三部分 艺术特色与艺术成就

青春时代是一个短暂的美梦，当你醒来时，这早已消失得
无影无踪了。

莎士比亚是西方最伟大的诗人和戏剧家，是文艺复兴时期剧坛上的"巨人"，是世界戏剧史上的泰斗。他的戏剧创作深刻地体现了人文主义精神，他的作品沟通了人文主义与古希腊古罗马文化的传统，延续了希伯来－基督教文化的血脉。由此，西方文学中"人"的观念步入了新的境界。

莎士比亚擅长表现人物内心世界的复杂，浪漫派评论家、现代派评论家都对他倍加推崇，肯定人的自然欲望的合理性。他的作品体现自然欲求与社会道德、原欲与理性、出世与入世、个体与群体、人与社会、人与自然等方面的关系。他的作品不仅具有深刻的思想内容，而且有着精湛的艺术技巧、独特的艺术风格，在世界戏剧发展史上占有极为重要的地位。他的作品已被译成世界各种文字，几百年来一直在流传；他的戏剧经久不衰，不断地被搬上银幕和舞台，受到许多国家读者的热爱。他以及他的作品早已成为世界文学宝库中的无上珍宝，在世界文学史上具有崇高的地位和深远的影响。

莎士比亚的艺术魅力有四个元素：思想、剧情、人物和语言。

1. 作品的思想性、艺术性和现实性

莎士比亚作品反映了人类先进的世界观——人文主义思想。

莎士比亚运用高超的艺术手法，创造了一个充满了辩证冲突的戏剧舞台世界，体现了他自己的时代和时代精神，表达了一个人文主义者的理想。通过这些作品，莎士比亚艺术地再现了人文主义者的爱情、友谊、生活、理想，歌颂了理想君主和理想人物，谴责了封建暴君和各种社会罪恶，反映了文艺复兴时期英国社会的现实性。在剧中，他探究人性，揭示悲剧和历史剧中人性的高尚与卑劣，表达喜剧中人性的光明与可笑，歌颂了人性的真善美，批评了人性的自私、阴险、野心和残酷。

莎士比亚的剧本所写的虽大部分是陈旧的题材，但一经他改编制作，加工推新，就变成了带有莎士比亚深刻印记的作品，具有鲜明的现实生活的光泽，展现了浓郁的时代风貌。他通过具体生动的情节、丰富多彩的语言，塑造个性鲜明的人物，用形象化的艺术来反映社会生活的本质，揭示时代发展的动向。

李尔王在暴风雨中对当时社会罪恶的控诉、哈姆雷特在生死问题上的独白、泰门对资本主义社会黄金罪恶的谴责，这些著名诗章都是人文主义思想的精彩表达，深刻地揭露了社会的丑恶和金钱的罪恶。莎士比亚的文笔生动、感情深刻、语言犀利，高度艺术化地反映了时代精神。如《雅典的泰门》里的一段精彩台词：

这东西，只一点儿，就能使黑的变白，

丑的变美，

错的变对的，卑贱变尊贵，

老的变年轻，懦夫变勇士，

哈哈，众神啊，为什么要给我这种东西呢？

这东西能把你们的祭司与仆人

从你们的身旁拉去，

把枕头从壮士的头下抽走。

这黄色的奴隶

可以使异教联盟，同宗分裂。

它能让受诅咒者得福，

使麻风老儿受人敬爱，

使窃贼得到高爵显位，与元老们分庭抗礼，

它使年老珠黄的寡妇重做新娘，

即使她的尊容会使身染恶疮的人呕吐，

有了它也会恢复阳春的娇艳。

来吧，该死的土块，你这人尽可夫的娼妇，

你惯会在人世上制造种种不平等，

我倒要让你去施展一下你的神通。

莎士比亚在这里通过泰门之口，对资本主义社会"金钱万能""钱能通神"的种种罪恶进行了控诉，体现了作品的思想性和艺术性，表达了他对资本主义现实社会的深刻痛恨。

2. 作品的典型人物形象

莎士比亚塑造了一系列具有独特个性并且在矛盾中发展的典型人物形象。众多栩栩如生、个性鲜明的人物形象，上自高贵的国王大臣，下至普通的平民百姓。不论是思想深刻、忧郁沉思的哈姆雷特，刚正不阿、单纯轻信的奥赛罗，含冤负屈、悲苦无告的李尔王，权势熏心、傲慢残酷的麦克白，心胸坦荡、动机纯良的勃鲁特斯，还是勇敢坚强、品质高尚的安东尼奥，都给人留下了难以磨灭的深刻印象，都是个性与共性的完美结合。

不管是正面人物还是反面人物，都各有其独特的性格特征，不是简单化的、概念化的，也不是单一的、平面的，而是具有多面性和复杂性的，具有立体感的。比如哈姆雷特既是一个脱离群众的封建王子，又是一个满怀抱负的人文主义者；奥赛罗既是一个忠于爱情的情种、奋勇杀敌的勇士，同时又是一个脾气暴躁的统帅、杀害无辜的凶手；夏洛克既是一个凶残吝啬的旧式放高利贷者，又是个虔诚的犹太教徒；还有野心勃勃的麦克白、情真意切的罗密欧与朱丽叶、纯洁美丽的奥菲利娅、猜疑轻信的奥赛罗等，他们都被莎士比亚赋予了丰富的思想感情、复杂的性格特征。

即使是同一阶层的人物，也有其不同的个性特点，如帝王将相理查三世、亨利四世、亨利五世、李尔王等，其人物形象没有一个是雷同的、相似的。女性形象也是如此，如朱丽叶、鲍西娅、苔丝狄蒙娜、奥菲利娅等，也绝非用善良、真挚、热情等词语就能概括的。

即使是剧中的同一人物在不同时期的发展中也有不同的性格表现，如《哈姆雷特》中的哈姆雷特从一个抱有崇高信念的快乐王子到对人和社会悲观失望的忧郁王子；《罗密欧与朱丽叶》中的朱丽叶从少不更事的姑娘到因爱情殉情而死；《麦克白》中的麦克白从民族英雄到弑君的野心家；《李尔王》中的李尔从无上地位的国王到身无分文的乞丐，都是在情节的发展中动态地呈现的。其人物性格更加真实，剧情更加贴近时代。

在同一剧中不同人物的对比中突出人物形象和性格，既有主角与配角对比，也有配角之间的对比，人物形象、性格、思想各不相同。如《哈姆雷特》中的哈姆雷特、雷欧提斯、福丁布拉斯三人对待复仇问题上的不同态度的鲜明对比，突出了哈姆雷特作为先进人文主义者的特点。哈姆雷特与霍拉旭同样都是人文主义者，但是遭遇不同、地位不同，霍拉旭理智冷静，哈姆雷特热情深沉，更加反衬出哈姆雷特精神世界的深刻性。甚至一些着墨不多的次要人物，例如《罗密欧与朱丽叶》里的老乳母、《哈姆雷特》里的掘墓人、《第十二夜》里的托比·塔尔契爵士、《仲夏夜之梦》里的织工波顿，以至《威尼斯商人》里的小丑朗斯洛特·高波等人物形象，都被刻画得异常逼真。

总之，莎士比亚的生花之笔，描绘、刻画出了几百个性格不一、面貌各异的人物形象，其中一些著名人物，已成为世界文学中千古不朽的艺术典型。夏洛克的形象，就已远远超出文学作品典型人物的范围，而成为欧洲多种语言辞典中的一个名词。"福斯塔夫式的"一词也早已被收入英语辞典。可见莎士比亚作品中人物形象影响之大。

3. 情节的丰富性和生动性，戏剧结构的广阔性

莎士比亚的戏剧情节生动丰富，他完全打破了古代希腊悲剧"三一律"中的情节统一律。多是由两个或两个以上平行的情节线索开展多层次的戏剧冲突，有开放性的或者插入"戏中戏"的情节。情节曲折，场面精彩纷呈，构成现实社会、古典世界和神仙仙境的层面。把幻想和现实、高雅和鄙俗，诗意和诙谐有序地结合，形成多样化的戏剧风格。

情节线的延伸与人物的戏剧冲突

莎士比亚的戏剧情节不少来自前人的历史传奇，或旧剧改编，或传统故事，或民间传奇。经他进行重新组合、精心安排，把幻想与现实统一起来，让情节线索在矛盾的展开中发生戏剧冲突，既生动有趣，又丰富多彩。如《哈姆雷特》中有三条为父复仇的情节线索交织在一起，以哈姆雷特的复仇为主线，雷欧提斯和挪威王子福丁布拉斯的复仇为副线。雷欧提斯的复仇是尽孝道为家庭复仇，福丁布拉斯王子的复仇是为争得骑士荣誉为国家复仇，这两人的复仇行动都是带着浓厚的封建色彩。不同目的的复仇情节相互映衬，彼此对照，不仅突出了人物个性，更凸显了哈姆雷特复仇的社会意义。

《李尔王》剧照

在悲剧《李尔王》中，有两个完全平行的情节线索。在主情节线中，李尔王因年事已高，决定摆脱"一切世务"，听信大女儿高纳里尔和二女儿里根的花言巧语，误解了小女儿考狄利娅的真情，固执地剥夺了她的继承权，将其远嫁法兰西。让位后的李尔受尽了大女儿和二女儿的虐待而沦落野外。在副情节线中，葛罗斯特听信了私生子爱德蒙的谗言，误以为嫡生子爱德伽窥视他的爵位和家产，迫使爱德伽流落他乡。后因他同情李尔，被爱德蒙告密惨遭挖去双目，也流落旷野荒郊。这两条平行的线索交错进行，最后，两个情节合成一个，增强了悲凉的气氛。这发生在国王李尔、大臣葛罗斯特身上的亲情悲剧，强烈地控诉了封建社会的制度和人们对权力和土地的追逐，导致父女和父子之间的人间悲剧。

戏剧冲突集中在以李尔和考狄利娅等人为代表的正义集团与以李尔的长女、次女等人为代表的罪恶集团的斗争上面。既展现出现实主义，又展现出浓厚的浪漫主义气息。

"福斯塔夫式的背景"的广阔性，悲喜兼容的情节特征

莎士比亚的作品反映了各种各样的生活场景，如宫廷贵族的花天酒地、失业的贫苦人，还有战场上、朝廷里的生活画面，反映了各种各样的社会矛盾，如贵族与农民、贵族与资产阶级、资产阶级与农民的矛盾构成的社会关系网络；反映了各种各样的时空，如古代和当代、宫廷和市井、战争

与和平、山林与孤岛等；还有三教九流、形形色色的人物，如国王、大臣、将军、商人、酒保、掘墓人等。作品真实描绘了各种人物的生活状况，为戏剧的中心人物提供了广阔的五光十色的社会背景。

莎士比亚创作的戏剧，无论是悲剧还是喜剧，其悲喜兼容的情节穿插运用，悲喜剧因素的结合，丰富了戏剧结构，加强了戏剧效果，成为莎士比亚的一种写作风格。他打破了当时戏剧文学中悲剧、喜剧的明显界限，丰富了情节，具有了独特的艺术魅力。例如悲剧《李尔王》中李尔受冷落时弄人歌唱时的敏感语言；《哈姆雷特》中奥菲利娅落水淹死后两个掘墓人的插科打诨；《麦克白》中的深夜敲门声等，这些喜剧情节和因素，起到了以喜缓悲和以喜衬悲的作用；悲喜剧《罗密欧与朱丽叶》中，主人公在悲剧的结局中却获得了理想的爱情；喜剧《威尼斯商人》中，却包含了种族歧视的严肃问题和割肉还债的凶险悲剧情节；《一报还一报》中的"皆大欢喜"的喜剧结局却揭示了上层

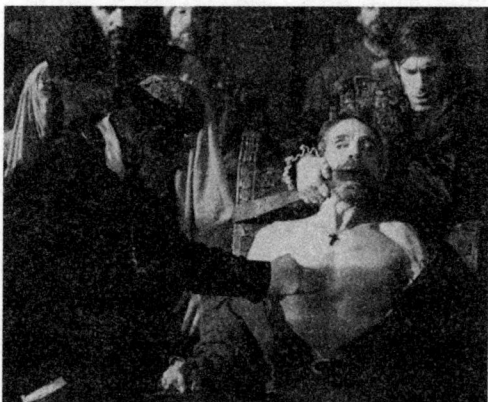

《威尼斯商人》剧照

社会之间的尔虞我诈。悲喜兼容情节的艺术手法，使莎士比亚的戏剧更贴近社会现实生活。

莎士比亚还非常善于在紧张尖锐的戏剧冲突中安排剧情，让冲突的双方在斗争中的地位不断变化，形成波澜起伏且很富有戏剧性的情节。如从哈姆雷特与奸王克劳狄斯开始的互相试探、"戏中戏"的正面交锋，到哈姆雷特因误杀波洛涅斯被遣送英国，识破奸王借刀杀人的阴谋回到丹麦后，

又落入"友谊比剑"的阴谋。剧情跌宕起伏，冲突不断，曲折复杂，扣人心弦。

4. 形象化、个性化的语言范例

　　莎士比亚的戏剧语言丰富而富于形象性。主要使用无韵诗体写成，也结合了散文、有韵诗句和抒情歌谣，不同的文体在剧中起着不同的作用。莎士比亚按照人物身份与语境的不同使用不同的语言，文雅或粗俗，哲理或抒情，目的都是为了更有助于表现人物的性格。

　　莎士比亚剧作反映了当时英国社会的广阔图景，有个性突出、生动活泼的几百个人物形象；有极富艺术魅力、无比美丽、无比悦耳、无比激动人心的抒情诗段落；有著名的格言警句为人们传诵；有寓意深刻、给人以巨大教益的人生哲学。这些都是通过极其形象化的语言来表达的。如《奥赛罗》里悲剧主人公奥赛罗在处死苔丝狄蒙娜前的那段独白，可以说是语言形象化、抒情化的光辉范例。

　　融融的灯光啊，我若吹熄了你，

　　要是我心生后悔，仍可把你重新点起。

　　可是你，造化最精美的形象啊，

　　若我一旦熄灭了你的光辉，

　　我不知从哪里去偷普罗米修斯的那把天火

　　能把你的光彩再次燃起。当我摘下玫瑰，

　　就不能再给它已失的生机，

　　它只有枯萎凋谢。我要再嗅一次它在树上的气息。

（吻她）

啊，甘美的呼吸，你几乎诱动了正义

去折断她自己的利剑！再一个吻，再一个吻。

愿你到死都是如此，我要杀死你

然后再爱你……

这一段话之精彩，在于形象化的语言和奥赛罗内心的感情融为一体。表达了奥赛罗对苔丝狄蒙娜的爱与恨——爱自己的妻子，恨自己妻子的"不忠"。他不忍杀她，又必须杀她；即使杀她，还要爱她。最大的爱、最大的痛苦在这十几行诗里表达无遗，诗句散发着极强的艺术感染力，可以说，这样的诗句是千古不朽的名篇。

莎士比亚的戏剧语言生动活泼、丰富多彩，具有个性化、形象化的特点。他的词汇特别丰富，据统计，他的剧本中所用词汇达2万多，远远超过了同时代的其他作家。他的人物语言，不仅符合人物的身份和性格，而且贴合人物当时所处的特定环境，且和人物的戏剧动作相衬相依。如哈姆雷特清醒时是典雅的语言，符合王子的身份；在装疯时用的是逻辑混乱、晦涩难解的语言，符合疯子的特点。文体、语体、辞格丰富；诗歌、散文、雅言、俗语熔为一炉；排比、比喻、双关手法运用娴熟，形象而生动，意象纷至沓来，美感度高。他还善于使用成语和谐语，不仅丰富了表现力，而且有浓郁的生活气息。例如麦克白在谋杀了国王邓肯后，寝食不安，备受失眠痛苦之折磨。他说：

《麦克白》剧照

我仿佛听见一个声音喊："不要再睡了！

麦克白已经杀害了睡眠。"——那清白的睡眠，

把忧虑之乱丝编织起来的睡眠。

那每日生命中之死亡，疲劳者的沐浴，

受伤心灵之香膏，大自然的主菜，

生命盛筵上的主要的营养。

这里，莎士比亚通过种种形象化的比喻，把麦克白这个被失眠折磨得痛苦不堪的人写得生动而具体。

莎士比亚戏剧中的人物语言，都是符合各自性格特点的，但其个性化的语言又不是一成不变的，而是随着人物思想性格的发展，随着场合的更迭、际遇的变化而变化。夏洛克的语言粗鲁、庸俗、尖刻，常常用令人憎恶的事物打比方，而鲍西娅的语言文雅、优美、含蓄，与夏洛克恰成对照。哈姆雷特的语言，有时温文尔雅，有时明白畅晓，有时妙语连珠，有时语无伦次，这一切均取决于他内心矛盾的斗争和思想性格的发展。

莎士比亚擅长用内心独白手法直接揭示人物的内心精神世界，丰富和深化人物性格。《哈姆雷特》中哈姆雷特的重要独白有6处之多，每次都推动剧情发展，为完成人物性格塑造起了关键作用。如第三幕第一场中的那段独白：

生存还是毁灭，这是一个值得考虑的问题，是默默忍受命运的暴虐的毒箭，还是挺身反抗人世无涯的苦难，通过斗争把它们扫清，这两种行为，哪一种更为高贵？

这段著名独白，闪耀着哲理之光，揭示了哈姆雷特的内心奥秘，表现了他对人生的思索、苦闷与彷徨。

还有一些已经成为经典的格言，如"全世界是一个舞台，所有的男男女女不过是一些演员""人生如痴人说梦，充满着喧嚣与躁动，却没有任

何意义"等。

莎士比亚的形象化语言，任何时候也不能与其作品内容和个体的人物分开。正是通过其形象化语言表达了其作品的深刻思想内容。正是因为这二者结合了，才使得莎翁的作品震撼人心、感人肺腑，具有极大的感染力。

总之，莎士比亚的戏剧，内容上的民主性、结构上的戏剧性和语言上的丰富性很好地反映了当时新兴资产阶级的情绪和要求。他提倡个性解放和爱情自由，反对禁欲主义；他提倡男女平等，反对等级观念；他提倡国家统一，反对封建割据。揭露了资本原始积累时期损人利己的极端个人主义，在一定程度上反映出广大人民的情绪和愿望。

5. 追求诗意的剧场艺术

莎士比亚在剧团的职业生涯20余年里，他做过编剧，也曾演戏和导戏。作为演员，他担任过本·琼森喜剧和悲剧中的角色，也演过自己作品中的角色，传说他饰演过老哈姆雷特的鬼魂和老仆人亚当；作为导演，他教导过约翰·罗文表演亨利八世。他重视台词的声调、表演的姿势，强调语言和行动的相互配合，反对表演过火或平淡不足，强调自然与适度；作为编剧，他写戏时会想到演员的形象和性格特征，因此他的脚本上有用演员的名字代替剧中角色的标记。

《哈姆雷特》中的那场哈姆雷特对伶人的指教的戏中，反映出莎士比亚既有明确的演戏目的，又有严格的戏剧表演观念。

莎士比亚所创造的大量的不同的具有鲜明性格和复杂内心世界的悲喜剧角色，为当代和后代演员施展艺术才能提供了广阔的天地。

莎士比亚写戏不忘剧场的演出效果。从其剧作的情节结构、场景更替和对比上，可以看出他善于利用当时剧场多种表演区（外台、内台、高台、左右两侧的楼窗、天顶和台板活门等）以及几道帷幕的启闭来保持戏剧行动的流动性和连贯性，充分发挥时空自由而又加以控制的手法。他的剧本常有少而精的舞台指示，台词也常包含着动作和调度等导演指示。他用诗文描绘景色、渲染气氛，并以多种乐器音响和抒情歌曲、舞蹈和哑剧等来加强或深化戏剧效果，增强或丰富舞台美感视觉。

莎士比亚力求吸引各类观众，特别是有教养的观众。在追求诗意与加深思想方面，继承已有的通俗戏剧传统，同时汲取了意大利和英国宫廷贵族的艺术趣味。

莎士比亚的剧作在 17 世纪传入德、法、意、俄和北欧等国家，在当地引起了强烈的反响。后来又相继传入美国和世界各地，在世界范围内掀起了巨大的戏剧热潮。莎士比亚的演剧观念和剧场艺术表现形式也是风靡世界各地，为同行争相效仿。

莎士比亚不仅是英国最杰出的戏剧家和诗人，也是世界文学史上最著名的作家。他的各种文学译本、演出实践和评介以及不同派别的莎学理论大量涌现。以莎士比亚的戏剧舞台效果为依据创作的音乐、美术、舞蹈、歌剧等作品成为世界文化交流发展中的重要纽带，莎士比亚诗意的创作思想和戏剧表现形式也成为世界上多种艺术形式创作的灵感的源泉。

6. 跨越时空的戏剧成就

莎士比亚是文艺复兴时期最伟大的作家，他的戏剧人文内涵丰富，洋溢着文艺复兴时期的创造灵性和充沛激情，成就是惊人的。他在文坛刚刚出现，评论家迈那斯就把他和当时享有盛名的诗人和剧作家相提并论，并说他可媲美古人。同时代的著名剧作家本·琼森在《第一对折本》献诗中毫不吝啬对莎士比亚的赞美："Triumph, my Britain, thou hast one to show, To whom all scenes of Europe homage owe. He was not of an age, but for all time！"（非凡的成就啊，我的不列颠，你有一个值得夸耀的臣民，全欧洲的舞台都应向他表示尊敬。他不属于一个时代，而属于所有的世纪！）革命导师马克思曾对他予以充分肯定和高度赞扬，提出创作要"莎士比亚化"。

莎士比亚的创作完美地再现了大千世界社会生活的真实，表现了宏大的历史背景和复杂的人物社会关系，上至贵族社会、国王，下到社会底层、乞丐，从城市到乡村，他的作品构成了一幅16世纪英国社会的生活画面。这画面既是情节展开、人物活动的背景，又是时代演变发展的模型。马克思说过，"单是《温莎的风流娘儿们》的第一部就比全德国文学包含着更多的生活气息和现实性"。莎士比亚是在旧的故事框架中填入现实生活的血肉，注入了时代的灵魂。

莎士比亚曾谈到他的现实主义戏剧创作原则："演戏的目的，从前也好，现在也好，都是仿佛要给自然照一面镜子，给德行看一看自己的面目，给荒唐看一看自己的姿态，给时代和社会看一看自己的形象和印记。"他遵循着自己的创作原则，他的作品广泛而真实地反映了当时的英国和欧洲其他国家五光十色的社会生活，并具有高度的思想性和艺术性，包含着大量的浪漫主义因素，他那富于诗意的想象和虚构，大大丰富和提高了他的现实主义创作内容。别林斯基称他是一位"现实主义诗人"。

莎士比亚塑造了众多丰富多彩的人物形象和不朽的艺术典型。他塑造的人物不是从概念出发，而是严格地遵循生活的真实，无论是正面人物，还是反面人物；无论是"顺转"人物，还是"逆转"人物，人物形象都具有鲜明的性格特征，始终忠实于自己的个性，都有着丰富的内心生活和复杂的内在矛盾，具有各自不能彼此相通的艺术世界。比如高贵而忧郁的哈姆雷特，浪漫多情的罗密欧与朱丽叶，心黑手辣的理查三世和麦克白，贪婪阴狠的夏洛克，慵懒放诞的福斯塔夫，每个形象都栩栩如生，意态天成，在观众心里绝不会造成任何的混淆不清。

莎士比亚在戏剧艺术的发展史上具有独特的贡献，在戏剧形式、表现手法和技巧方面做了可贵的探索和创新。他的戏剧构思精妙，结构完整，各种历史传说、民间故事经他信手拈来，皆成妙谛。把悲剧场面和喜剧场面、现实主义与浪漫主义、主要情节和次要情节、抒情与讽刺、诗意语言与日常口语等有机地结合起来，构成绚丽多彩的画面，给人以丰富的艺术享受。他改进了戏剧的情节结构，使之更具生动性和丰富性。通过人物关系的纠葛、运用富于戏剧性的情节来推动人物性格的发展，在对比中突出人物的个性面貌，真实地反映了人类的生活和现实中纷纭繁杂的现象。

莎士比亚的戏剧语言无比丰富，在欧洲戏剧史上是一个奇迹。他是一位杰出的语言大师。他把人民的语言、古代语言和当代语言创造性地运用，极大地丰富和发展了英国的戏剧语言。既运用优美的诗，也运用粗野的语言，在他的剧作中，双关语、幽默语、明喻、暗喻、讽喻、俚语应有尽有，很好地表现和烘托了不同的人物在不同场合、不同时期的性格特征。

莎士比亚崇尚美德、善良、真诚、自然、天性，他的戏剧像一面镜子，让生与死、爱与恨、真与假、善与恶、美与丑现出原形，使人类警醒自身的欲望本能与野蛮冲动，同时导引人的灵魂攀缘上升到新的境界。

莎士比亚逝世至今已有400余年，但他的影响是深远的。他的作品已被译成世界各国文字，他的戏剧跨越时空在世界各国的舞台上久演不衰。

第四部分　主要作品介绍

适当的悲哀可以表示感情的深切，过度的伤心却可以证明智慧的欠缺。

《哈姆雷特》

《哈姆雷特》（1601）是莎士比亚的代表作，是莎士比亚戏剧创作中篇幅最长的作品，也是莎士比亚一生创作中成就最高的作品。《哈姆雷特》在英国文学上是最富震撼力和影响力的戏剧作品之一，也是世界文学史上著名的悲剧之一。它代表着整个西方文艺复兴时期文学的最高成就。

《哈姆雷特》剧本取材于丹麦历史，其渊源可追溯到12世纪前后丹麦编年史学家沙克逊·格莱姆克编写的《哈姆雷特传说》。书中叙述了克劳狄斯谋害其兄、篡夺王位，哈姆雷特起而为父王报仇的故事。在莎士比亚之前和同时代，有许多人曾据此改编成戏剧，但成就都不及莎士比亚。1601年，莎士比亚对这个中世纪的封建复仇故事重新进行改编，把它写成一部反映时代面貌的惊天动地的悲剧，哈姆雷特的形象随之成为著名的文学艺术典型。

【时代背景】

16世纪末至17世纪初，英国正处在封建制度向资本主义制度过渡时期，是英国历史进程中的一个巨大转折时期。伊丽莎白的统治正处于上升阶段，资产阶级支持王权，而王权也正好利用资产阶级，两方面不仅不对立，还结成了暂时的同盟。由于政局比较稳定，社会生产力获得了迅速的发展。这种新兴资本主义生产关系的发展，虽然加速了封建社会的崩溃，却仍然是依靠残酷地剥削农民来进行的。詹姆士一世继位以后，专制集权加剧，资产阶级和劳动人民的反抗遭到了大肆镇压，社会矛盾进一步激化。这种动荡从根本上动摇了封建秩序，同时为17世纪英国资产阶级革命准备了条件。《哈姆雷特》是借丹麦8世纪的历史反映当时的英国社会现实。当时的英国，如前所述，是一个"颠倒混乱的时代"，而《哈姆雷特》正是"这个时代的缩影"，是对这个现实社会的深刻反映。

剧中哈姆雷特与克劳狄斯的斗争，象征着新兴资产阶级人文主义者与反动的封建王室统治者的斗争，展现了人文主义理想同英国封建社会现实的矛盾，揭示了英国封建贵族地主阶级与新兴资产阶级之间为了争夺权力而进行的殊死较量，批判了王权与封建邪恶势力的罪恶行径。

【剧情梗概】

第一幕

故事发生在丹麦的艾尔西诺。哈姆雷特是丹麦王国一位年轻有为的王子，他有魄力、好思索、接近人民、对人类抱有美好的希望。他正在德国的威登堡大学学习，国内传来噩耗，父王突然去世。王子哈姆雷特匆匆地从德国威登堡大学赶回来奔丧，却看到了叔父克劳狄斯已继任为王。父亲葬礼后一个月，叔父就娶了自己的嫂嫂即哈姆雷特之母乔特鲁德为妻。哈姆雷特对此充满了疑惑和悲伤。

哈姆雷特总是把他的父亲当作偶像来崇拜，所以最令他难受的不是没能继承应由他继承的王位，而是母后乔特鲁德很快就忘记了和老国王的恩爱。悲痛和郁闷使他从一个"快乐王子"变成了"忧郁王子"。哈姆雷特穿着黑色的丧服来表示他的哀悼，甚至在新国王举行结婚大礼的那一天，他仍旧身着丧服以示鄙视。

　　宫廷警卫马西勒斯和勃那多夜半站岗时，在艾尔西诺城堡的城头上看见一个鬼魂，鬼魂自顶至踵全身甲胄，很像已故国王的人形，鬼魂悲哀而愤怒地走过城堡的露台。这情形连续了两个夜晚。第三个晚上，勃那多请来了有学问和见识的霍拉旭陪着他们一起守夜站岗。子时，那个酷似国王的鬼魂又来了。霍拉旭战战兢兢地问：“鬼魂！要是你能出声，会开口，对我说话吧；要是我有可以为你效劳之处，使你的灵魂得到安息，那么对我说话吧；要是你预知祖国的命运，靠着你的指示，也许可以及时避免未来的灾祸，那么对我说话吧。”那个鬼魂好像要说什么，但这时鸡鸣了，天亮了，鬼魂就消失了。

　　霍拉旭是哈姆雷特的好朋友。第二天，他向哈姆雷特讲起此事，困惑中的王子立刻相信了。哈姆雷特断定这一定是父王的鬼魂，尽管鬼魂一直没开口，但哈姆雷特认为父亲会对儿子说的。于是，王子决定当天晚上和哨兵一起去守夜，想见到父王的鬼魂。

　　哈姆雷特焦急地等待黑夜的到来。天刚黑，霍拉旭带着哈姆雷特、马西勒斯等人登上了鬼魂经常出没的露台，等候着老国王亡魂的显现。深夜12点，鬼魂果然来了。父王的鬼魂悲哀地望着哈姆雷特，好像很想跟他说话。哈姆雷特情不自禁地上前喊道：“国王，父亲！”他恳求地说：“您为什么不在坟墓里安息，却要出现在月光底下的露台上？”鬼魂向哈姆雷特招手，示意哈姆雷特跟他去人少僻静的地方。霍拉旭他们竭力劝阻哈姆雷特不要跟鬼魂去，生怕鬼魂露出狰狞的面目吓坏了年轻的王子。但哈姆雷特太想揭开父王暴毙的秘密了。他挣脱了霍拉旭的手，跟着鬼魂走了。

　　当四处无人的时候，鬼魂说，自己正是哈姆雷特父亲的亡魂。“要是你曾经爱过你的亲爱的父亲，你必须替他报复那逆伦惨恶的杀身的仇恨。”“这是一件谋杀惨案，更是骇人听闻而逆天害理的罪行。”鬼魂对王子诉说了老国王死亡的真相。原来，老国王的死并不像传闻中说的那样在御花园睡午觉时被毒蛇咬死的，而是被自己的亲兄弟即哈姆雷特之叔父克劳狄斯毒害死的。那天，老国王按照老习惯午后在花园里睡觉，歹毒的克劳狄斯趁他熟睡的时候，悄悄溜了进来，拿着一个盛着毒草汁的小瓶，把一种使人麻痹的药水注入国王的耳腔里。那致命的毒汁像水银泻地一样流进了他全身的血管里，血液凝结了，皮肤立刻出现无数疱疹，布满了可怕的鳞片。老国王的鬼魂接着说："我的生命、皇冠及皇后就在如此的一瞬间在睡梦中被我弟弟夺去，使我没有机会在临终前忏悔生前之罪孽，或接受圣礼之祝福，而毫无准备地戴罪赴阴曹受审。"鬼魂还说，克劳狄斯不仅犯了弑君之罪，还霸占了王嫂，犯了奸淫和乱伦之罪（因为当时风俗认为弟弟与嫂嫂结婚是乱伦）。鬼魂又喟叹说，没想到恩爱多年的妻子居然如此寡廉鲜耻，轻易地就投入谋杀她丈夫的人的怀抱。但鬼魂又嘱咐哈姆雷特在复仇时千万不可伤害到他的母亲，让上帝去裁决她，让她不安的良心时时刺痛就够了。哈姆雷特听完了鬼魂的控诉，答应鬼魂一切都按吩咐去办。天要亮了，鬼魂这才消逝了。

哈姆雷特发誓要把他所有事情，包括他从书本学到的知识，生活中的往事统统忘掉，只记得鬼魂告诉他的话和要求他做的事。这些事情已经支配着他的大脑和身体。他吩咐马西勒斯等人对那天晚上所看到的一切都要绝对地保守秘密。哈姆雷特把鬼魂说的话只告诉了好朋友霍拉旭一个人。

第二幕

哈姆雷特由德国回来奔丧，对父亲突然之死有许多不解，对母亲匆匆改嫁也甚为不满，他忧伤、积郁、怀疑，难以排遣心头的愁绪；现在听了父亲亡灵诉说的真情，更是悲愤满腔，极度痛楚。他要伸张正义，为父报仇，将凶手处死。但是，他迟疑不决的是：半夜显灵的鬼魂究竟是自己父亲的亡魂呢，还是魔鬼伪装的故意来折磨和欺骗自己呢？哈姆雷特是个好思考的人，他决心先弄清事实，然后再采取行动。他开始装疯，以便更好地侦察敌人和保护自己。他给御前大臣波洛涅斯之女奥菲利娅写了一封热情、晦涩而又不连贯的情书，还以衣着邋遢、行为怪异恐怖的样子来到奥菲利娅房间，让奥菲利娅和她的父亲御前大臣波洛涅斯都以为他疯了是因为爱情。母后乔特鲁德倒是真心希望哈姆雷特是为了奥菲利娅才发起疯来的，那样的话，姑娘的温柔是可以让哈姆雷特恢复到原样的。

克劳狄斯虽然不知道老国王鬼魂出现的事，但他心中是有鬼的。杀兄娶嫂后，沉重的犯罪感使他精神沮丧，再加上哈姆雷特的"疯癫"也使他不安。因为他知道哈姆雷特对他匆匆和乔特鲁德结婚是不满的。克劳狄斯思虑重重，一方面，他看到哈姆雷特行为反常，说话乖张，怀疑哈姆雷特的"疯癫"；另一方面，他也担心哈姆雷特会取代自己，登上王位宝座。他派了两个朝臣罗森格兰兹和吉尔登斯吞专门负责侦察王子的言行，探究哈姆雷特是真疯还是装疯。罗森格兰兹和吉尔登斯吞是哈姆雷特年幼时的朋友。哈姆雷特看穿了克劳狄斯的用心，便在他俩面前继续装疯，还用各种办法戏弄他们，把这两个人弄得糊里糊涂。波洛涅斯认为哈姆雷特的反常行为是因为热恋自己的女儿奥菲利娅。哈姆雷特确实喜爱奥菲利娅，但是，哈姆雷特发现，不仅波洛涅斯、罗森格兰兹和吉尔登斯吞在观察自己，奥菲利娅也在不自觉地做了她父亲的工具。这时，一个江湖戏班子来到了城堡，哈姆雷特命戏班子排演《捕鼠机》，决定给国王、王后和朝臣们演一出戏。他在剧中加入一个跟他父亲被谋杀的场面相类似的情节，他自己加编了台词，再现了鬼魂所说的那个谋杀场面，意在发掘国王内心的隐秘，以获得最确凿的证据。

第三幕

罗森格兰兹和吉尔登斯吞向克劳狄斯汇报哈姆雷特近况，并说哈姆雷特跟戏班子在排戏。波洛涅斯也说哈姆雷特叫他邀国王和王后一同观赏此剧。克劳狄斯要进一步利用哈姆雷特的恋人奥菲利娅对哈姆雷特试探，他设计让哈姆雷特与奥菲利娅相见，自己和波洛涅斯藏匿于隐秘之处，观察哈姆雷特的举止，看他所患的是否是相思病。

哈姆雷特看透了丹麦宫廷里的种种恶德丑行，也看透了当时社会的黑暗，在极度悲愤抑郁中，他想到了生与死、反抗与屈辱，想到社会的罪恶，人世之不平以及其他一系列重大的问题，他的内心进行了深刻的斗争，他独白：

生存还是毁灭，这是一个值得思考的问题，是默然忍受命运的暴虐的毒箭，还是挺身反抗人世无涯的苦难，通过斗争把它们扫清，这两种行为，哪一种更为高贵？死了，睡着了，让一切一了百了，倘若在这一种睡眠中能了结心头的创痛和血肉之躯的痛楚，那真是我们求之不得的结局。死了，睡着了，睡着了也许还会做梦，唉，阻碍就在这儿。因为当我们摆脱了这一具垂死之皮囊后，在那死的睡眠里究竟还要做什么梦，必然使我们踌躇顾虑。也正是因此人们才甘心久困于生之痛楚。谁愿意忍受人间的鞭挞与嘲讽、压迫者之凌辱、傲慢者的冷眼、被轻蔑的爱情之痛苦、法律的迁延、达官贵人的横暴，和必须忍受的小人的鄙视，要是他只要用一柄小小刀子便能了此一生，谁又愿意荷载重负在烦恼的生活里呻吟流汗？若不是因为惧怕死后那迄未被发现之国土在那里旅人只去不回，这使人决心顿挫，使我们宁愿忍受目前的折磨而不敢飞向那我们所不知的痛苦之国。于是，重重的顾虑使我们全都变成懦夫，决心的赤热被审慎的思维盖上一层灰色，伟大的事业在这种考虑下也会逆流而退，失去了行动的意义。

这一段话是《哈姆雷特》剧中最著名的独白，也是所有莎士比亚戏剧中最著名的一段独白。这时，哈姆雷特看到了奥菲利娅，他脱口说道：“美丽的奥菲利娅，女神，在你的祈祷中可别忘了我的罪孽。”

哈姆雷特佯装疯癫与奥菲利娅交谈着。克劳狄斯和波洛涅斯没有听出哈姆雷特和奥菲利娅交谈中的破绽，就商定将哈姆雷特派往英国，去追索应纳的贡物。

国王和王后应邀前来看戏。克劳狄斯压根儿不知道他上了哈姆雷特的当。当他和大臣们坐下来看戏时，哈姆雷特便坐在他旁边，和霍拉旭仔细观察他看戏的反应。这场戏是按哈姆雷特吩咐准备的，讲的是发生在维也纳的一件谋杀公爵的案件。公爵叫贡扎古，他的妻子叫白普蒂丝姐。故事情节为公爵的近亲侄儿琉西安纳斯为了霸占贡扎古的家产，便在花园里毒死了公爵，并骗取了公爵夫人的爱情。那出戏的开头便是贡扎古和白普蒂丝姐的一场谈话。白普蒂丝姐说假如贡扎古先死了，她决不会再嫁，如果哪一天她再嫁了，便会招致报应。还说是除了那些谋杀亲夫的毒妇，没有哪个女人会再嫁的。哈姆雷特发现国王和王后听到这段话时脸色顿时就变了。而当剧情发展到琉西安纳斯把毒药灌进在花园里熟睡的贡扎古的耳朵里时，克劳狄斯神色不宁，精神紧张，终于支持不下去，戏未演完，便在极度惶恐不安中匆匆退席。现在哈姆雷特终于能断定他的父王是被克劳狄斯谋害了。于是他下定决心要实现他曾经发誓的复仇计划。

克劳狄斯私下命令罗森格兰兹和吉尔登斯吞将哈姆雷特禁锢起来赶往英格兰。

正当哈姆雷特盘算着该如何去报仇时，王后却派人叫他去后宫谈话。乔特鲁德是奉克劳狄斯之命去叫哈姆雷特的。克劳狄斯让王后向哈姆雷特表示，他俩都很不高兴哈姆雷特刚才的举止。篡位的国王生怕乔特鲁德偏袒儿子，所以就吩咐御前大臣波洛涅斯躲在王后内宫的帷幕后面。

克劳狄斯深感自己罪孽深重，向天堂仰望，罪行既犯，那应如何去祈祷才能获得赦免？克劳狄斯开始跪祷，试图用忏悔来化解杀人的罪恶。

当哈姆雷特奉命前往后宫时，遇到克劳狄斯一人在祷告，身旁再无别人，他只要举剑出手便可为父报仇雪恨，为国除去窃国大盗。但是，当时基督教徒的说法是一个人如果在祷告时死去，他的灵魂必升天堂。哈姆雷特想：现在他正在祈祷，我若要动手杀他，那他死后就升了天堂。这个恶棍杀死了我的父亲，而我呢，作为父亲的独生子，却把这恶棍送入天堂。啊，这简直是报恩了，绝不是报仇。哈姆雷特放过了这次复仇的机会。

哈姆雷特来见母后，看出母后也为该剧所震惊。母后先是很温婉地责备了他的举止行为，说王子已经得罪他的"父亲"了。哈姆雷特听到她把"父亲"这样一个听起来令人肃然起敬的称呼用在一个卑污之徒身上时非常吃惊和生气，冲着乔特鲁德说："母亲，我想是你大大地得罪了我的父亲。"母后恼怒地说："你莫非忘了你在和谁说话！"哈姆雷特一声冷笑，说："我但愿能忘记，但我又不能忘记，你确确实实是母后，你丈夫的弟弟的妻子兼我的母亲。"母后勃然大怒："你竟敢对我如此无礼。我只好去找那些会说话的人来了。"她的意思是要去找克劳狄斯或波洛涅斯。

哈姆雷特想起亡父鬼魂对自己讲过的话，怒火中烧，言谈中对王后极为无礼。母后惊呼"救命"。此时躲在帷幕后面的波洛涅斯惊恐万状地大喊道："救命啊！快来人救王后啊！"哈姆雷特误以为是国王躲在幕后，于是拔出佩剑向幕布后刺去。当他把尸体拖出来一看却是波洛涅斯。

母后大声嚷着："你干了一件多么残忍的事啊！"哈姆雷特指责母亲道："但不比杀了一个国王又嫁了他弟弟的行为更残忍！"将母后陷于羞耻和自责的尴尬境地。

哈姆雷特问母后怎么还能跟那个谋害了先王、窃取了王位的凶手继续生活下去时，他父亲的鬼魂出现了。哈姆雷特告诉母后父亲亡魂所站的地方，王后却不能看见，她很害怕地看着哈姆雷特对着空中说话，以为哈姆雷特仍旧在发疯。哈姆雷特问鬼魂来干什么，鬼魂说他是来提醒哈姆雷特不要忘记替他报仇的诺言的。鬼魂走后，哈姆雷特恳求母后对上帝承认过去的罪孽，离开国王。要是母后以真正母亲的样子来对待他，那他也会以真正儿子的态度来祈求上苍保佑她。母后终于感动了，答应照他说的做。

哈姆雷特看到不幸被他莽撞杀死的波洛涅斯的尸体时，他伤心地哭了，因为这是他心爱的姑娘奥菲利娅的父亲啊！

第四幕

克劳狄斯担心哈姆雷特会杀害自己，波洛涅斯的死给了他对付哈姆雷特的借口，他匆匆命令罗森格兰兹和吉尔登斯吞陪伴王子哈姆雷特坐船到英国去，以平息所谓的杀人事件。当时的英国是向北欧强国丹麦纳贡的属国，所以克劳狄斯给英国朝廷写了封信，作为公文交给罗森格兰兹和吉尔登斯吞携带，其中编造了一些理由，请英国当局立即处死哈姆雷特。哈姆雷特识破克劳狄斯的阴谋，于是在夜里偷偷从那两个大臣处拿到那封信，又另外伪造一份公文，请英国国王在两个丹麦使者到时，立即将他们处死。

哈姆雷特所乘的船只受到海盗的袭击，他勇敢地拿着剑杀上了敌人的船，不料他自己乘坐的船却溜之大吉了。那两个大臣把他丢下，带着改过的信件急急忙忙跑到英国去接受应得的惩罚了。海盗俘虏了哈姆雷特以后，对这个高贵的敌人十分客气，不久就把他放了，希望他在朝中替他们说些好话。

就在哈姆雷特离开丹麦赴英国时，哈姆雷特的女友奥菲利娅因哈姆雷特的离开和父亲的死亡而精神失常，终致发疯，失足落水身亡。奥菲利娅的胞兄雷欧提斯性格狂暴急躁，刚从法国回来，一听到父亲波洛涅斯被杀，就以为是国王干的，就纠集了一伙暴徒，准备复仇，去找国王算账。

哈姆雷特修书一封通过传信人交给克劳狄斯，信中写道：巍巍大王，此信是让您知道，我已赤身返回陛下国境，明日我将要求觐见陛下御容，那时，我要先乞求陛下谅解，然后，我将告诉您我这次突然归国之缘由。

克劳狄斯惊慌不已，为了借刀杀人，他对雷欧提斯说其父是哈姆雷特杀的，而且鼓动雷欧提斯报杀父之仇，还替他设计杀害哈姆雷特的圈套，要他和王子比剑时，选用无护盖的开刃的剑。因为比剑一般都用钝剑，以免伤人。克劳狄斯要雷欧提斯先把一柄利剑混在钝剑中，趁哈姆雷特不注意，拿起此利剑刺杀哈姆雷特。雷欧提斯说他不但要偷用利剑，还要在利剑上涂上毒药，即使只刺伤一点皮肤，也能使对方丧命。老奸巨猾的克劳狄斯还有毒计，他准备了一杯毒酒，即便雷欧提斯的毒剑没能刺死哈姆雷特，这杯下了烈性毒药的酒也足以要了哈姆雷特的性命。

第五幕

当哈姆雷特回到王城时，奥菲利娅的哥哥雷欧提斯正在为不幸夭亡的妹妹举行葬礼。国王克劳狄斯、王后乔特鲁德和所有重要的朝臣都到了。哈姆雷特看到奥菲利娅的坟上撒满了芬芳的鲜花。花是由王后乔特鲁德亲自撒的，她边撒花边说道："甜美的鲜花应归于甜美的女子。再会罢！我曾期望你是我儿哈姆雷特之妻，只想到将来用鲜花来布置你的新床，甜蜜的女郎啊，而没想到却会把它们散布在你的坟中啊！"这时，一向挚爱妹妹的雷欧提斯发疯似的跳进了奥菲利娅的坟坑，悲恸得死去活来，并且吩咐侍从用土来埋他，让他和亲爱的妹妹奥菲利娅埋葬在一起。看着这一切，哈姆雷特对奥菲利娅的挚爱从心头涌起，因为他觉得自己对奥菲利娅的爱远远比所有人的爱加起来还要深。所以，哈姆雷特不能忍受有人比自己更痛苦，不顾一切也跳了进去。冲动的雷欧提斯认出这便是他全家的仇人哈姆雷特，因为他的老父和妹妹都是因为这个该死的哈姆雷特而死掉的，他冲上前去，死命地掐住哈姆雷特的脖子，众侍从赶紧上前才算把他们拉开。葬礼之后，哈姆雷特向大家道歉说，他刚才的举止太鲁莽了，他解释说他不能容忍竟然还有谁为了美丽的奥菲利娅的死而显得比他哈姆雷特更悲伤。这样一来，雷欧提斯的气愤似乎平和了些。

奥菲利娅的葬礼结束后，克劳狄斯用心险恶地从中挑拨，他利用雷欧提斯对其父亲和妹妹惨死的内心愤怒，设奸计来谋害哈姆雷特。他唆使雷欧提斯向哈姆雷特做出貌似友好的比剑挑战，并且约定了比赛的日子。哈姆雷特不明真相，接受了挑战。

比剑的那天，宫中所有重要人物都在场。因为大家知道哈姆雷特和雷欧提斯两人都擅长剑术，所以朝臣们都各自为两位剑客下了为数不小的赌注。在克劳狄斯的安排下，雷欧提斯准备了一把尖头毒剑，哈姆雷特使用的却是一把圆头钝剑。雷欧提斯起先麻痹哈姆雷特，故意让哈姆雷特占些上风，这时国王克劳狄斯故意大声喝彩，频频为哈姆雷特的胜利干杯，并为哈姆雷特备下了毒酒，他还下了很大的赌注，借此让哈姆雷特掉以轻心。雷欧提斯趁机用毒剑给哈姆雷特致命一击。哈姆雷特虽然还不知道全部阴谋，但这一击也激起了他的怒火和勇气。激烈的拼斗中，哈姆雷特终于夺过那把毒剑并用它回敬了雷欧提斯一下。就在这时，王后倒下了。原来，她无意中喝下了国王原本准备给哈姆雷特喝的毒酒。王后临死前，告诉哈姆雷特酒中有毒。

哈姆雷特顿时意识到这又是一个谋杀阴谋。于是他喝令关上宫门彻查凶手。这时雷欧提斯毒发倒地，良心未泯的雷欧提斯说出真相，他把这一切和盘托出，指出元凶是克劳狄斯，他自己也被克劳狄斯的奸计给害了。雷欧提斯请求哈姆雷特原谅他并告诉哈姆雷特说剑头上涂了毒药，哈姆雷特已经活不过半个小时了，什么灵丹妙药都已救不了他了。说完这一切，雷欧提斯便死去了。哈姆雷特知道自己快要死了，就拼起残存的力量猛地向奸诈的克劳狄斯扑去，把毒剑刺进了他的胸膛。这个卑污的凶手遭到了报应，哈姆雷特实现了他答应父亲鬼魂的诺言。

重义气轻生死的霍拉旭痛不欲生。哈姆雷特用最后一口气要求亲眼看到这场悲剧的好朋友霍拉旭坚强地活下去，将真相大白于天下，任命年轻的挪威王子福丁布拉斯为他的王位继承人。霍拉旭含着眼泪答应了他，哈姆雷特闭上了眼睛，死在了霍拉旭的怀中。霍拉旭和其余人都流着泪祈祷天使保佑王子的灵魂。挪威王子福丁布拉斯带军队赶来，为哈姆雷特筹备隆重的葬礼。大家都觉得，要是哈姆雷特没死的话，他一定会成为一个最尊贵、最得人心、最仁慈宽厚的丹麦国王。

这出悲剧，在葬礼进行曲和鸣炮声中结束。

【赏析】

《哈姆雷特》描写的是丹麦王室一个王子复仇的悲剧故事。莎士比亚通过哈姆雷特为父复仇的故事，描绘了文艺复兴晚期英国和欧洲社会的真实面貌，反映了 16 世纪末至 17 世纪初人文主义思想的危机，体现了莎士比亚对文艺复兴运动的深刻反思以及对人类命运与前途的深切关怀。哈姆雷特的精神苦闷具有超越时空的意义，成为世界文学史中不朽的典型形象。

《哈姆雷特》是一部复仇悲剧，可贵的是哈姆雷特把为父报仇和重振乾坤统一起来，使时代的人文主义者的思想和形象跃然纸上，它的思想内容和意义远远超出了复仇剧的范畴。

哈姆雷特的人文主义思想

哈姆雷特这位丹麦王子是被作为一个人文主义者来写的，是一个处于理想与现实矛盾中的人物。年轻的哈姆雷特正直博学，在德国威登堡大学接受人文主义的教育，他对人类充满了理性的信念。他满怀诗情地讴歌天空是"一顶美好的帐幕"，大地是"一座美好的框架"。他用抒情诗般的美丽语言尽情地讴歌赞美"人"的伟大："人类是一件多么了不起的杰作！

多么高贵的理性！多么伟大的力量！多么优美的仪表！多么文雅的举动！在行为上多么像一个天使！在智慧上多么像一个天神！宇宙之精华！万物之灵长！"

哈姆雷特爱他的父亲，爱他父亲身上的品格。父亲是他的偶像，是一位贤明的君王。他是一个"快乐王子"。

然而，一系列的变故接踵而来，哈姆雷特的父王老哈姆雷特暴卒，他的叔父克劳狄斯继承王位，而他热爱的母后在亡父尸骨未寒时，却匆匆地改嫁给新登基的他的叔父。这严酷的现实给无忧无虑的他带来了晴空霹雳般的打击，一夜间，他的性格发生了根本的改变，痛苦和忧虑使他成了一个"忧郁王子"。

当父王的冤魂告诉哈姆雷特自己被害的真相，并敦促他为父报仇时，这位深受人文主义理想熏陶的王子，难以相信也不愿相信这个事实。在他心中老哈姆雷特是人类完美贤明的代表，他父母之间的关系又是人类和谐圆满关系的象征。而这一连串叛逆与乱伦的丑行引起了哈姆雷特对美好世界的怀疑和对人类善良观念的动摇，感到理想的幻灭和现实的丑恶。在理想与现实之间，他陷入了深深的矛盾之中，他的人生观发生了改变，他的性格也变得复杂和多疑，同时又有满腔仇恨不能发泄。他感慨"丹麦是一座监狱"，"全世界是一座了不起的大监狱，里面有许多禁闭室、监房、暗牢，丹麦是其中最坏的一间"。重大的变故也使哈姆雷特看到了社会的现实和黑暗，他开始对亲情和爱情产生了疑问，变得彷徨和绝望。他开始变得偏激，内心阴暗而沉重，心中整日充满仇恨。他陷入了无法自拔的痛苦的深渊，离众人越来越远。于是，个人的悲剧演变成了社会的悲剧。

哈姆雷特在父亲死后的这段时间思想有了重要的转变，他努力克服自身的缺点，变得很坚定，他打算奋起反抗，不惜以生命为代价。他对生命开始有了真正的思考："生存还是毁灭"。对于死亡的"重重的顾虑使我们全都变成懦夫，决心的赤热被审慎的思维盖上一层灰色，伟大的事业在这种考虑之下也会逆流而退，失去了行动的意义"。哈姆雷特在生死问题上的疑惑也预示着他在未来复仇行动上的犹豫不决。

哈姆雷特最终以同归于尽的方式完成了自己的使命。这是一个悲剧性人物，他以自己的生命为代价赢得对旧制度、旧势力道义上的胜利，悲壮而不悲观。人们透过悲剧，从主人公的身上感受到了一种新的生命、新的光明。

《哈姆雷特》的悲剧性

全剧从头至尾伴随着血腥和死亡。死亡在这出悲剧中如影随形。戏剧开始就是已死的国王的亡灵在城堡上徘徊。在剧中，波洛涅斯、奥菲利娅、罗森格兰兹、吉尔登斯吞接连死去了，最后在同一个场景先后死去的有王后乔特鲁德、雷欧提斯、国王克劳狄斯和王子哈姆雷特。凡是参与了悲剧的人都归结于死亡，而且都死于非命。他们都是身体健康、风华正茂，而残酷的现实使美好的生命付诸死亡，悲剧万分沉重、震撼人心。《哈姆雷特》悲剧体现的是一个时代悲剧和哈姆雷特的性格悲剧。

哈姆雷特身上集中体现着文艺复兴运动中人文主义者们的优点和缺点以及他们的迷惘、矛盾和痛苦。他不相信人民群众，只能孤军奋战。他固守文艺复兴早期人的理想，不能适应新的历史环境人的变化的现实。另外，他生活的时代封建力量还很强大，他只是朦胧地意识到作为王子要重建世界的任务，但看不到重建世界的道路，难以肩负"重整乾坤"的重任。哈姆雷特的悲剧，不是因为他主观方面的无能，而是那个时代的人们思想意识形态上所存在的历史局限，是后期人文主义者的悲剧，是文艺复兴晚期特定时代的悲剧。

哈姆雷特性格的结构是多层次的。他有着深邃的思想且长于思考，却优柔寡断，延宕则是主要特征。在这种性格之下，他被复仇的意念苦苦煎熬，复仇成了他的全部。他敏感而犹豫不定，由于思索而拖延，反而失却了行动的力量。他耽于沉思、自责、自我怀疑，加之忧郁与孤独，于是一再拖延复仇计划。而这一切，导致他对母亲、对心爱女子的冷语相向，导致他亲手杀死心上人的父亲，导致他最终落入仇人布下的圈套。最后，复仇的愿望终于实现了，可是一切美好的东西也都破碎了。悲剧的根源就在于哈姆雷特忧郁情绪的性格在复仇问题上的延宕蹉跎。

几百年来，西方学者说哈姆雷特的"悲剧"是他的"优柔寡断"。歌德认为延宕是因为哈姆雷特性格软弱、意志力不强，难以承担如此重大的复仇任务；柯勒律治认为哈姆雷特过分耽于思考；叔本华认为哈姆雷特的延宕与他的厌世情绪有关；弗洛伊德认为哈姆雷特的恋母情结是延宕的原因；还有人认为哈姆雷特所面对的邪恶势力过于强大，他不能一下胜任"重整乾坤"的重任；也有人找到文本外的原因，即莎士比亚影射伊丽莎白女王的宠臣埃塞克斯在图谋推翻女王时犹豫不决的长期延宕。

当然，延宕是源于哈姆雷特过分耽于思考，因其思想机敏深刻，考虑问题周密。最初，他不能肯定鬼魂是否真的是自己亡父的魂灵，他需要通过"捕鼠机"来验证克劳狄斯的罪恶；接着是克劳狄斯在祷告，哈姆雷特不能杀他是因为想到基督教的说法，若教徒在祷告的时候死去，会升入天堂，这不是报仇。当他在母亲卧室以为克劳狄斯在幕帘后偷听，仓促间拔剑而起，却误杀了波洛涅斯。就这样复仇再三拖延，直至剧情高潮时，哈姆雷特陷入克劳狄斯的圈套，自己中了毒剑，母亲误饮毒酒被毒死等真相大白时，生命垂危的他不顾克劳狄斯身边的众人，拼尽余力，结果了克劳狄斯的生命。

"一千个读者眼里，就有一千个哈姆雷特"，以上各家说法都有各自的角度和道理。要很好地理解哈姆雷特的"延宕"，必须寻绎哈姆雷特所处的时代和他的心路历程。

哈姆雷特艺术形象

哈姆雷特是人文主义者的典型形象。他出身王室，贵为丹麦王子，从小受人尊敬，长大后在当时新文化中心的德国威登堡大学接受人文主义教育。他接受了许多与传统和教会截然不同的人文主义新思想和新观念，成为一个单纯善良的理想主义和完美主义者。他肯定人性，赞美生活，追求真诚友谊，寻觅纯美爱情，渴望平等自由。而且他本人是"朝臣的眼睛、学者的辩舌、军人的利剑、国家瞩望的一朵娇花、时流的明镜、人伦的典范"，是具有完美品德的人。在他眼里一切都是美好的，他不知道世界的黑暗和丑陋，他相信生活的真善美并且向往这种生活。

哈姆雷特是一个悲情式的英雄。面对这突如其来的变故，引发了他对"生存还是毁灭，这是一个值得思考的问题"这一人生哲理的思考，这个问题可以说对整个人类都具有普遍的意义。他在磨难中变得坚强，变得不再犹豫，他要通过自己的奋斗来改变命运。最终他虽然为父亲报了仇，但还是因为正义被奸人所害，王者通常是不讲规则的。哈姆雷特为他所具有的人文主义气质所害，让人感到遗憾和惋惜。

哈姆雷特以他悲壮的死讴歌了人性的尊严，赢得了对封建制度和黑暗势力精神上的胜利，鼓舞了后世人文主义思想者的斗争和不屈的斗志。他那崇高的品格、忧国忧民的使命感和热情高昂的思想力量，作为一种永恒的精神财富，必将为爱好正义的人们所珍视。

《哈姆雷特》的戏剧情节

《哈姆雷特》作为一个复仇故事，剧中情节错综复杂，其主要的情节因素是复仇。这一出悲剧里有三条为父报仇的情节线。哈姆雷特由于父亲被克劳狄斯谋害，需要为父复仇，是主线；雷欧提斯的父亲波洛涅斯被哈姆雷特误杀，也需要为父复仇，为副线；挪威王子福丁布拉斯的父亲在战斗中被哈姆雷特的父亲打死，也需要为父复仇，为副线。3个人的父亲都是被别人杀死的，为父报仇是他们相同的任务。3位复仇者因各自的性格和生活观点不同，复仇方式大相径庭，流血复仇的情绪笼罩全篇。雷欧提斯简单而鲁莽，他为了一己私利而置国家大局于不顾，率领人手围攻皇宫复仇；福丁布拉斯复仇是要夺回父王失去的国土，却因叔叔的几句斥责而放弃；而哈姆雷特在复仇前所考虑的问题绝不仅仅是个人的复仇，而是整个社会的情绪，是人文主义者的美好理想与当时社会黑暗现实之间的巨大矛盾，是怎样伸张正义、为民除害等重大问题。三条情节线交织发展，形成鲜明的对比，而又主次分明，哈姆雷特的个性更加饱满、鲜明。

在复仇情节之外，还写了哈姆雷特和奥菲利娅之间不幸的爱情，哈姆雷特和霍拉旭的真诚友谊以及罗森格兰兹、吉尔登斯吞对哈姆雷特的背叛，其中重点写了哈姆雷特和奥菲利娅一家人的种种纠葛。剧本还写到四组误杀：英国国王误杀丹麦国王派来的信使，哈姆雷特误杀波洛涅斯和雷欧提斯，克劳狄斯误杀王后。种种误杀表现了人物与环境之间不以人的意志为转移而导致的阴差阳错的悲惨结局。这是古希腊悲剧中的基本主题：人无法抗拒命运。

复杂情节与社会场景的叠加，如从宫廷到民间，从国内到国外，从陆地到海上，从人的世界到鬼魂的世界，从外表世界到内心世界，从现实世界到戏剧世界，丰富生动地为我们展示了一幅幅宏伟壮丽的人生画面。

《哈姆雷特》的戏剧冲突

（1）在《哈姆雷特》中，戏剧冲突始终围绕哈姆雷特与克劳狄斯这个中心展开，其过程波澜起伏、险象环生。

哈姆雷特是个典型的学者型王子，他文武全才、光明磊落。他的人文主义人生观和道德观的先进性和局限性在其言行中得到了生动的体现。之前，他看到的只是人生的光亮一面，那时的生活无疑是美好的；之后，这场突如其来的悲剧迫使他正视生活阴暗的一面和人性丑陋的一面。他由个人的不幸想到人民普遍的苦难，由宫廷阴谋看到时代动乱，从而把个人复仇提到"重整乾坤"的高度。他在忧郁中逐步深入地认识了生活，在延宕过程中把握了社会现状。他曾多次问自己："除了我——倒霉的我以外，谁还能改变这'混乱颠倒'的世界？"这就是哈姆雷特改造社会的人文主义的世界观。他观察敏锐，长于思考和分析，但也过分相信自己，太重理想，脱离实际，始终使自己处于孤立的地步。延宕是哈姆雷特性格最典型的外在特征，一再延宕复仇计划，终至造成悲剧。

克劳狄斯是哈姆雷特的敌对面，他败坏伦常、嗜杀成性、阴险狡诈。他对哈姆雷特表面关心，暗地里要借英王之手除掉哈姆雷特。他鼓动雷欧提斯与哈姆雷特比剑，暗地里在剑头上涂毒，借雷欧提斯的手杀死哈姆雷特；他还备毒酒毒杀哈姆雷特，以掩盖自己的罪行。

在哈姆雷特与克劳狄斯的内外两重矛盾冲突中，敌对双方人物性格突出、形象丰满。哈姆雷特与克劳狄斯的斗争，构成剧中主人公的外部冲突；同时，他内心也进行着激烈的矛盾冲突。在这个过程中，他性格中优点和弱点的体现和演变，成为戏剧冲突发展的推动力。

（2）哈姆雷特与奥菲利娅的戏剧冲突，让哈姆雷特备受心灵的煎熬，欲哭无泪。装疯者与天真者的对话，残酷而决绝。

哈姆雷特是表面装疯，内心极度清醒和悲哀；奥菲利娅是清醒的，由于受刺激过大，真正疯了。这个少女，像明镜一样清澈，像含苞待放的玫瑰一样鲜嫩，像出水的荷花一样纯净，却毫不知情地成了克劳狄斯的间接工具。哈姆雷特爱奥菲利娅在内心深处，奥菲利娅也爱哈姆雷特，却因他的"疯癫"刺激和父亲被他杀死而疯掉。她唱着一个又一个美丽、悲惨的歌曲，最终落水而死。

（3）哈姆雷特与仓促改嫁、内心矛盾重重的母后乔特鲁德的戏剧冲突，与愚昧浅薄的波洛涅斯的戏剧冲突，与性情急躁、头脑单纯、容易受人利用的雷欧提斯等人的冲突，都刻画得惟妙惟肖。就连很不重要的两个掘墓人——小丑，作为悲剧中穿插的喜剧人物，也写得妙趣横生。

《哈姆雷特》的艺术手法

《哈姆雷特》剧情情节生动、人物语言丰富。其题材的典型性和人物的鲜明个性是莎士比亚戏剧的最大艺术特色。

在剧情和人物性格发展的关键时刻，采用大量的独白来表现主人公的思想矛盾、行为动机和心理活动，起到了戏剧展示人物内心冲突和性格演变的作用。哈姆雷特是性格内向的"思考型"人物，且对许多人都存在戒备心理，不愿吐露真情，装疯后的独白是莎士比亚塑造哈姆雷特的重要艺术手段。其中那段"生存还是毁灭"的著名独白，不仅富有哲理，同时反映出主人公饱受痛苦煎熬的内心世界。

悲剧中的喜剧添加，是莎士比亚剧本的天然特色。比如《哈姆雷特》中波洛涅斯自私自利处世哲学的自我暴露和他的废话，哈姆雷特装疯和他巧妙的双关穿插，添加了喜剧成分。

《哈姆雷特》不仅显示了莎士比亚思想的深刻，还显示了其艺术上的成熟和才华。借哈姆雷特对"生存还是毁灭，是一个值得思考的问题"这一人生哲理的思考，展现了人文主义者对整个人类的思考，这种思考具有普遍的社会意义。《哈姆雷特》故事来自民间和汇编在古典作品里，莎士比亚以其独特的见解进行改编，把该剧锤炼得炉火纯青，直至今日，《哈姆雷特》在世界各地仍然有着广泛的影响。

《李尔王》

《李尔王》（1605—1606）是莎士比亚著名的四大悲剧之一，故事取材于英国古代的历史传说和当时流行的同名剧。莎士比亚改编的《李尔王》改变了原剧中不列颠国王重登王位的喜剧结构，增添了丑角形象，加进了葛罗斯特父子的情节，而且创造了李尔王发疯这个关键性悲剧情节。

此剧演出时间为1606年12月26日，在此之前，有关李尔王的故事并没有引起很大的社会效应。莎士比亚改编的《李尔王》成为戏剧史上的巅峰之作。

该剧探讨了家庭关系和一切旧有关系的不幸和崩溃问题，反映了封建社会动荡不安的社会现实。萧伯纳曾写道："没有人可以写出比'李尔王'更加悲惨的戏剧了。"

【时代背景】

1606年的英格兰，新兴起的小商人、小工场主和商贩们的财富已经远远地超越了封建贵族阶层，封建贵族以佃农租金作为经济来源的生活方式，也改变为将土地卖给拥有大量财富的商人阶层，甚至皇室也在不断地把贵族头衔卖给拥有大量财富的商人们。可见，莎士比亚生活的年代正处在新兴资产阶级上升、封建制度走向没落时期。新兴资产阶级认为应该通过个人的努力与勤奋实现自己的价值，反对封建贵族的血统特权。他们开始意识到争取自己的权利，就必然与封建贵族发生冲突。莎士比亚在这个背景下创作的剧本《李尔王》，深刻彰显了资本主义的上升对贵族们的生存状态、心理和人伦关系的冲突。通过悲剧性的故事情节及鲜明的人物性格描写，展示人文主义思想与残酷的现实生活之间发生的巨大冲突和斗争，表达了时代的呼声。李尔王在暴风雨中对社会丑恶的控诉是莎士比亚人文主义思想的精彩表达。

【剧情介绍】

第一幕

　　李尔王是不列颠的老国王，并无子嗣，只有3个女儿。长女高纳里尔，嫁给了奥本尼公爵；次女里根，嫁给了康华尔公爵；幼女考狄利娅，尚未出嫁。李尔王对她们疼爱有加，尤其喜爱小女儿。由于年事日长，李尔王对自己多年来长期治理国家也感到厌倦，决定退位让女儿们治理国事。他想把国土划成3份，分给自己的3个女儿，自己只当名义上的国王，轻轻松松地安度晚年。一天，李尔王将3个女儿以及大女婿奥本尼公爵、二女婿康华尔公爵还有正在追求小女儿的法兰西国王和勃艮第公爵叫来，当着肯特伯爵、葛罗斯特伯爵及儿子爱德蒙等人的面，说了自己的想法。在将3份国土分给女儿之前，他要求3个女儿每人对他表表忠心，考察一下女儿对自己爱的程度。他说："孩子们，在我还没有把我的政权、领土和国事的重任全部放弃以前，告诉我，你们中间哪一个人最爱我？我要看看谁最有孝心、最有贤德，我就给她最大的恩惠。"大女儿、二女儿把自己对父亲的爱说得天花乱坠。大女儿高纳里尔说："父亲，我对您的爱，不是言语所能表达的；我爱您胜过自己的眼睛、整个的空间和广大的自由；超越一切可以估价的贵重稀有的事物；不亚于赋有淑德、健康、美貌和荣誉的生命；不曾有一个儿女这样爱过他的父亲，也不曾有一个父亲这样被他的女儿所爱；这一种爱可以使唇舌无能为力，辩才失去效用；我爱您是不可以数量计算的。"李尔王指着地图说："在这些疆界以内，从这一条界线起，直到那一条界线为止，所有浓密的森林、膏腴的平原、富庶的河流、广大的牧场，都要奉你为它们的女主人；这一块土地永远为你和奥本尼的子孙所保有。"二女儿里根说："我厌弃一切凡是敏锐的知觉所能感受到的快乐，只有爱您才是我的无上的幸福。"李尔王指着地图说："这一块从我们这美好的王国中划分出来的三分之一的沃壤，是你和你的子孙永远世袭的产业，和高纳里尔所得到的一份同样广大、同样富庶，也同样佳美。"李尔王听了这一片阿谀之词，大为高兴，再问小女儿，希望考狄利娅说得更动听些。殊不知小女儿是个心口如一、十分老实的人，尽管她真心爱自己的父亲，一时却不知说什么好，她只说："我爱陛下，只是按照我的名分，一分不多，一分不少。"李尔王震怒，要她赶快修正方才的话，否则她将毁掉自己的命运。考狄利娅回答说："我的好父王，您生我、养我、爱惜我、厚待我；我受到您这样的恩德，只有恪尽我的责任，服从您、爱您、极其敬重您。两个姐姐说她们用整个心爱您，那么她们为什么要嫁人呢？要是我有一天出嫁了，那接受我的忠诚誓约的丈夫将得到我一半的爱，一半的关心与责任。假如我只爱我的父亲，我一定不会像两个姐姐一样再去嫁人的。"

李尔王听了勃然大怒，问考狄利娅这些话是从心里说出来的吗？年纪这样小，却这样没有良心吗？考狄利娅说自己的心是忠实的。李尔王大发雷霆，发誓跟考狄利娅永远断绝一切父女之情和血缘亲属的关系，把她当作一个路人看待。将考狄利娅的那一份国土平分给大女儿和二女儿，并把国王的威力、特权和一切君主的尊荣一起给了她们。他自己只留100名骑士，在长女、次女两家按月轮流居住，由她们负责供养。除了国王的名义和尊号以外，所有行政的大权、国库的收入和大小事务的处理，完全交在她们手里；还赐给两位女婿一顶宝冠，归他们二人共同拥有。

考狄利娅也会言辞热烈地表达对父亲的爱，但看到姐姐们为得到厚重的赏赐而假意奉承，便决心不让自己对父亲的爱与贪图财物沾边。

群臣见李尔王这样的做法，都感到震惊。老臣肯特深知考狄利娅真心爱着自己的父亲，李尔王却将一切处理得如此荒唐不公，便上前忠言直谏，劝国王保留自己的权力，仔细考虑一下自己的举措。他担保考狄利娅的孝心绝不比大女儿和二女儿差，要求收回这种鲁莽灭裂的成命，并指出李尔王做错了事。李尔王一气之下竟将这位老臣驱逐出国境，并说第 6 天必须离境，要是在 10 天之后在本国发现肯特的踪迹，将把他当场处死。

李尔王告诉法兰西国王和勃艮第公爵，现在的考狄利娅不再是公主，已经一文不名了，谁愿意娶这个没有嫁妆的姑娘就可以将她带走。原先一直争着要娶考狄利娅的勃艮第公爵见她已一无所有，便撤销了自己的求婚。法兰西国王对李尔王剥夺考狄利娅的国土继承权深感奇怪，刚才还是眼中的珍宝，转瞬间就丧失了深恩厚爱。但他从中看到了考狄利娅高洁的品质，认为她的美德就是一份贵重的嫁妆，他爱考狄利娅始终如一。"爱情里面要是掺杂了和它本身无关的算计，那就不是真的爱情。"他对考狄利娅说："你因为贫穷，所以是最富有的；你因为被遗弃，所以是最可宝贵的；你因为遭人轻视，所以最蒙我的怜爱。我现在把你和你的美德一起攫在我的手里；人弃我取是法理上所许可的。天啊天！想不到他们冷酷的蔑视，却会激起我热烈的敬爱。陛下，您的没有嫁妆的女儿被抛在一边，正好成全我的良缘；她现在是我的分享法兰西荣华的王后，是法兰西全国的女主人了。"李尔王便让法兰西国王将小女儿带走，并声称自己没有这样的女儿，再也不要看见她的脸，她也别想得到自己的恩宠和祝福。

考狄利娅担心她走后两个姐姐会虐待父亲，但在李尔王盛怒之下，她临行前只能含泪向她们道别："好好对待父亲。你们自己说是孝敬他的，我把他托付给你们了。"

考狄利娅一离开，她的姐姐们就暴露了真实的想法。她们认为父亲是老年昏聩，向来就是这样喜怒无常的，她们要同心合力决定一个方策。

爱德蒙是葛罗斯特伯爵的私生子，没有继承财产的权利。他因自己的身份不平，痛恨他的哥哥爱德伽，想办法离间父亲葛罗斯特伯爵和哥哥爱德伽。他就设计了以爱德伽署名的假信。

葛罗斯特伯爵回到家，心里想着朝廷发生的怪事，肯特被放逐了，法兰西国王盛怒而去。老王李尔昨晚走了，他把权力全部交出，依靠女儿过活。这些事情都在匆促中决定，不曾经过认真的考虑。他忽然看见爱德蒙慌张地把一封信塞进衣袋。出于好奇，葛罗斯特伯爵要看这封信。爱德蒙故作勉强状，但还是交给了父亲。信上抱怨：在年轻时候不能享受生命的欢乐；我们的财产不能由我们自己处分，等到年纪老了，这些财产对我们也失去了用处……信中还暗示要阴谋害死葛罗斯特。信末署名"爱德伽"。愤怒的葛罗斯特伯爵根本没有考虑这封信的真假，把这种不祥的境遇归咎于日食和月食现象。葛罗斯特是个轻信的人，让爱德蒙去查个明白。

爱德蒙算计着家里的产业，算计着厚道的哥哥爱德伽。他见到爱德伽，问他是否冲撞了父亲，让他带上武器出去躲一段时间。

考狄利娅走后，李尔王先搬到长女家去住。不到一个月，高纳里尔就开始给李尔脸色看。既然她已得到一切，便连父亲所保留的那一点点王者的排场也不能容忍了。她埋怨李尔的 100 个武士闹得她家里鸡犬不宁。她不仅装病逃避见他，而且告诉管家奥斯华德不必像从前那样殷勤侍候他。

"这老废物已经放弃了他的权力，还想管这个管那个！凭着我的生命发誓，年老的傻瓜正像小孩子一样，一味地姑息会纵容坏了他的脾气，不对他凶一点儿是不行的。"在她的唆使下，连仆人也开始怠慢、苛待李尔和他的随从，连奥本尼公爵的家臣对他们也同样粗暴。最初李尔还不相信大女儿一家对他无礼是故意的，当随从也把此事向他反映时，他才不得不相信了。

忠心耿耿的肯特伯爵听说了老王李尔目前的情况，冒着被杀头的危险从流放地赶回来。他化装成仆人模样请求李尔王收他为随从。当时老王李尔正在吃饭，见这个人老实、勤劳，讲话聪明伶俐，就说："跟着我吧，你可以替我做事。要是我吃过晚饭后还这样喜欢你，那么我就不会把你撵走。"当晚，高纳里尔的管家奥斯华德负责老王李尔的伙食，他狗仗人势，对老王李尔很不尊重，甚至公然称老王李尔是"我们夫人的父亲"，还和老王李尔顶嘴。化名为"卡厄斯"的肯特见义勇为，一脚把管家踢倒在地，狠狠地教训了奥斯华德。李尔高兴极了，当场决定雇用他为仆人。肯特忠于老国王、关心李尔的命运，从此，他不仅与老王李尔同甘共苦，还在老王李尔糊涂时给他以指点和劝告，在老王李尔困难时给他以帮助。

这时老王李尔的弄人"傻瓜"走了进来。"弄人"在英语字面的含义是"傻子"或"傻瓜"，实际上却并不真傻。根据欧洲中世纪的风俗，宫廷里专门养了一些人给国王娱乐的，就是弄人。他们的职责就是装疯卖傻，给国王讲笑话，逗国王开心。老王李尔的这个弄人既是老王李尔的随从，又是老王李尔的诤友。他清醒、机敏，笑话里充满辛酸的真理；他勇敢机智，正义感和是非感极强，他对主人忠贞不贰，在主人遇难时，弄人通过半真半假、半开玩笑半似认真的方式规劝他、开导他、帮助他、鼓舞他。他让"卡厄斯"这位新来的仆人，戴上他宫廷小丑的鸡头帽。还解释说"卡厄斯"一定是个傻瓜，否则绝对不会愿意侍奉像老王李尔这样愚蠢的君王。李尔问他的弄人："你叫我傻瓜，孩子？"弄人回答："是的，你把所有的尊号都送给了别人，只有这一个名字是你从娘胎里带来的。"

高纳里尔对父亲李尔的态度愈来愈坏，她语言恶毒，与父亲高呼喊叫，想把李尔王赶出宫廷。大女儿的忤逆不孝，让李尔无法想象从自己手中得到王冠的大女儿居然如此对待自己。他想起考狄利娅的过失，怎么会在自己的眼睛里变得丑恶，而她的姐姐竟这般恶毒。奥本尼公爵赶来，不知发生了什么。李尔正用各种狠毒的语言诅咒高纳里尔，咒她永远不能生儿育女；即使生孩子，让她生下忤逆狂悖的孩子，使她终身受苦。李尔想带自己侍从离开大女儿家去二女儿家住，却发现还不到半个月，他的100个卫士一下子裁撤了50名。李尔一怒之下，当即决定带领剩下的随从，去投奔二女儿里根。他相信里根是孝顺的，里根听见高纳里尔这样对待他，一定会为自己出气的。他先派化名为"卡厄斯"的肯特去里根处投书。高纳里尔也派使者奥斯华德快马加鞭地给里根送信。

第二幕

在葛罗斯特伯爵城堡庭院，爱德蒙听说康华尔公爵跟他的夫人里根公主今天晚上要到这儿来拜访葛罗斯特伯爵，还听说康华尔公爵也许会跟奥本尼公爵开战，爱德蒙想利用好这个机会。他这边激怒父亲葛罗斯特伯爵，那边又对爱德伽说："父亲在那儿守着要捉你。康华尔和里根在这样的夜里，急急忙忙地要来了，你有没有说过什么反对康华尔公爵的话。为了提防康华尔公爵，你离开这个地方吧。"这时葛罗斯特赶来，爱德伽慌忙逃进夜色之中。爱德蒙砍伤了自己的手臂，对葛罗斯特谎称道，哥哥不听我的劝告，决意实行他的企图，让我跟他同谋把您杀死，我对他说我要宣布他的秘密，可是他却说我是没资格继承遗产的私生子。我们两人立在敌对的地位，人家不会相信我的话。即使我拿出他亲手写下的信，大家会相信我因为觊觎他死后的利益。就这样爱德伽出手伤了我。葛罗斯特本是个心地善良的人，这时却因受了他的私生子爱德蒙的挑拨，完全误会了爱德伽。他要将所有的城门关起来，还把爱德伽的小像各处传送，让人们注意到他、抓住他。并且要把土地赐给爱德蒙。

康华尔公爵、里根公主连夜来到了葛罗斯特伯爵城堡庭院，原来他们收到了李尔的使者和高纳里尔的使者的信。读罢信，他们立刻召集仆从，上马出发到这个最近的城堡来，他们不想在自己的家里接待他们。老王李尔的使者"卡厄斯"及高纳里尔的使者奥斯华德也分别来到这里，"卡厄斯"一看即知这个奥斯华德必是奉高纳里尔之命来说服里根一同怠慢李尔王的，就和奥斯华德吵起来，并打了他。二女婿康华尔公爵及其夫人里根当即下令把"卡厄斯"的双脚锁起来，丢在城堡前面。葛罗斯特认为康华尔公爵不应这样做，"卡厄斯"是老王李尔的使者，担心老王李尔会怪罪。

李尔和弄人等赶到里根家，发现家中空无一人。他们随即来到葛罗斯特的城堡中，正巧看见被锁在枷中的"卡厄斯"。李尔真不敢相信自己的眼睛，自己的使者"卡厄斯"的双脚竟用刑具钉在一起。这种做法是对老王李尔极大的蔑视。

爱德伽为了逃避父亲的追捕，保全自己的生命，他改扮成疯丐，自称为汤姆，行走在荒野上，向人哀求乞讨。

老王李尔在葛罗斯特的城堡里，感觉到了康华尔公爵和里根对自己的回避。过了一会儿，才见到康华尔公爵夫妇。李尔向里根诉说大女儿的不孝，很快便发现了里根和她丈夫对他的态度不对。里根先为姐姐的不孝辩护，根本不听父亲的诉说，反而说："您年纪老了，已经快到了生命的尽头，应该让一个比您自己更明白您的地位的人管教管教您。所以我劝您还是回到姐姐的地方去，对她赔一个不是。"正说话间，高纳里尔为了和妹妹一同折磨自己父亲，也亲自赶到这里向妹妹告状。里根趁势要老王李尔现在就回去跟姐姐住在一起，裁撤一半的侍从，等住满了一个月才可以来，现在自己不在家里，在葛罗斯特伯爵的城堡，要供养有许多不便。老王李尔说他不回去，而愿意带着自己的50个随从在二女儿家住。里根说："那绝对不行，现在还轮不到我，我也没有预备好招待您的礼数。即使下次父亲到我家住时，随从连50个也不需要，只准带25人。"老王李尔没料到二女儿比大女儿更坏，他想大女儿虽坏，毕竟还同意他带50个随从，其孝心比只许他带25人的二女儿"还大一倍"。他转身告诉大女儿表示愿意重回大女儿家，谁知高纳里尔这时又说："依我说，不但用不着25个人，就是15个也是多余的。"里根接着说："依我看来，一个也不需要。"两个女儿如此忘恩负义，老王李尔真是悲愤至极、伤心透顶。绝情寡义的不孝女儿的蛇蝎恶行像毒箭一样深深地刺痛了老王李尔的心，他悔恨自己不该稀里糊涂地放弃了王位，如今被迫丧尽了所有的尊严，他说："你们以为我将哭泣，不，我不愿哭泣，我虽然有充分哭泣的理由，可是我宁愿让这颗心碎成万片，也不愿流下一滴泪来。傻瓜！我要疯了！"

这时，风雨大作，电闪雷鸣，老王李尔却吩咐人备马，说宁愿承受暴风雨的袭击也不愿与两个无情无义的女儿在一起。高纳里尔和里根毫不理会，老王李尔悲愤离去。

一场暴风雨将要来了，葛罗斯特伯爵看天色暗下来了，心想田野里刮着狂风，连一株小小的树木都没有。他担心着老王李尔的处境，而康华尔公爵和里根夫妇却命令葛罗斯特伯爵关上门。

第三幕

在暴雨雷电交加的荒野，肯特和侍臣相遇，得知在这样的晚上，老王李尔孤苦伶仃，只有那个心地善良、说话半疯半傻的弄人陪着他，在荒野上、在一片漫天袭来的暴风雨中流浪着。李尔光着秃头在风雨中狂奔，主仆二人，缺衣无食，浑身湿透，无家可归。既不知该往哪里去，也找不到片瓦来藏身，只有把一切付托给不可知的大自然。李尔的内心进行着一场比暴风雨的冲突更剧烈的斗争。弄人竭力说些笑话替他排解心中的伤痛。

肯特告诉侍臣一个重要的消息，在奥本尼和康华尔两个公爵之间，暗中已经发生了冲突。在他们手下有一些名为仆人，实际上却是向法国密报我们国内情形的探子。这两个公爵的明争暗斗，这两个女儿对于善良的老王的冷酷待遇等秘密，全都传到了法王的耳中。现在已经有一支军队从法国开到我们这个分裂的国土上来，正乘着我们疏忽无备，在我们几处最好的港口秘密登陆，不久就要揭开他们鲜明的旗帜了。肯特让侍臣赶快去多佛，一定可以见到考狄利娅，把这枚戒指给她看了，她就可以告诉你，我是个什么人。你可以把被逼疯了的王上所受的种种屈辱向她做一个真实的报告。

面对着漫天的狂风暴雨，老王李尔想到的不仅是两个女儿的忘恩负义，而更是他所生活的这个世界的种种罪恶丑行，他胸中激起了一场比自然界暴风雨更大的风暴，他愤怒地呼号控诉着：

吹吧，风啊！胀破了你的脸颊，猛烈地吹吧！

你，瀑布一样的倾盆大雨，尽管倒泻下来，浸没了我们的尖塔，

淹没了屋顶上的风标吧！

你，思想一样迅速的硫黄的电火，劈碎橡树的巨雷的先驱，

烧焦了我的白发的头颅吧！

你，震撼一切的霹雳啊，把这繁密的、饱满的地球削平了吧！

打碎造物的模式，

不要让一颗忘恩负义的人类种子遗留在世上！

这此时，老臣肯特也赶了上来。李尔王继续道：

撕下你们包藏祸心的伪装，显露你们罪恶的原形，

向这些可怕的天吏哀号乞命吧！

我是个自己并无大罪

却受了很大的冤屈的人。

老王李尔看到了在他过去安居王宫享受荣华富贵时所没看见、也不可

121

能看见的人世的罪恶。由于受到的刺激太大，老王李尔已经开始神志不清了，他做这一段愤怒控诉时还是清醒的。"卡厄斯"（肯特）发现前面有一间茅屋可暂避风雨，就引领他们去避雨。

葛罗斯特在自己的城堡里看到了公爵和里根不近人情的行为，他请求他们允许自己给李尔一点儿援助，就差点被剥夺了使用自己房屋的权利。他对爱德蒙说，两个公爵现在已经有了意见。今天晚上接到一封信，里面的话说出来也是很危险的，我已经把这信锁在壁橱里了。王上受到这样的凌虐，总会有人来替他报复的，已经有一支军队在路上了，王上是我的老主人，我要去找他，暗地里救济救济他，你去陪公爵谈谈，免得被他觉察了我的行动。爱德蒙一直算计着父亲的全部家产，此刻，他看到了一个能使他获得父亲财产和权利的好机会。他决定出卖父亲，把父亲托付的事情向公爵献功邀赏。

老王李尔刚走到茅屋前面，先进去的弄人慌忙跑了出来，大惊失色地说里面有一个"鬼"，鬼说自己的名字叫可怜的汤姆，他发疯喊叫着，说是魔鬼把他害得好惨。原来这个"鬼"是葛罗斯特伯爵的嫡子爱德伽乔装打扮的。完全沉浸在自己痛苦中的老王李尔问汤姆是否也遭到女儿遗弃，才弄成今天的模样。因为在老王李尔看来，没有什么能比这个原因更让人痛苦。此刻，葛罗斯特持火炬一路找来看到这一切，他没认出爱德伽，爱德伽却认得父亲。爱德伽还在装疯卖傻地说葛罗斯特是恶魔。葛罗斯特感叹陛下竟会跟傻子成了伙伴，让老王李尔跟他回去。说自己的良心不允许自己服从无情的命令关上了门，把李尔王丢在这狂暴的黑夜之中。看到李尔被女儿害得神经错乱，同时也在感慨自己的亲生儿子要谋害自己。李尔还想和疯子汤姆交谈，因为在他看来，汤姆的胡言乱语包含着深刻的哲理。葛罗斯特劝着老王李尔，带领大家来到了一间可以藏身的农舍中去避雨、取暖，爱德伽也一同跟去。

葛罗斯特去弄吃的去了，老王李尔把这里当作了法庭，开始对女儿的大逆不道进行审判。他让弄人、爱德伽和"卡厄斯"（肯特）扮法官，用凳子代表两个不孝的女儿。爱德伽和"卡厄斯"为李尔的这种荒诞的行为伤感流泪。葛罗斯特回来了，他听到了一个阴谋，感到老国王的生命受到威胁。他套好了马车，让大家把李尔抱到车上，带着"卡厄斯"、弄人向多佛走去。那边有人会欢迎你，并且会保障你的安全。爱德伽看着大家离去，心中默愿王上能安全无恙。

法国入侵的消息已传遍城堡。爱德蒙以出卖父亲的卑鄙行为篡夺了葛罗斯特的爵位，葛罗斯特成了反贼。在葛罗斯特城堡，康华尔公爵、里根和高纳里尔一方面快速联系奥本尼公爵联手抗击法国军队，一方面派人去抓葛罗斯特。

葛罗斯特因为同情老王李尔的遭遇，帮助李尔去了多佛。葛罗斯特被抓到后，在自己的城堡里竟被里根的丈夫康华尔挖出一只眼睛。康华尔的仆人因为激于义愤，反对他主人这种行动，就拔剑与康华尔决斗，康华尔受了重伤，里根取剑从后面刺死仆人。康华尔残忍地挖出葛罗斯特另一只眼。葛罗斯特呼唤自己的儿子爱德蒙，让他报复这一场暴行！里根告诉葛罗斯特，这一切都是爱德蒙告发的。葛罗斯特明白了一切，知道爱德伽是冤枉的，他被推出自己的家门。恶毒的里根等人刚刚离开，仆人们立刻用麻布和蛋清替葛罗斯特包扎伤口。

第四幕

在荒野上，葛罗斯特由一老仆人搀扶着见到了"汤姆"，葛罗斯特请求汤姆领着自己到多佛的悬崖上去，求老仆人拿一点衣服来给汤姆遮盖身体。葛罗斯特一路走一路悔恨着自己受人之愚，错怪了爱德伽，要在未死之前，能摸到儿子的身体。

爱德蒙护送着高纳里尔到了奥本尼公爵府。高纳里尔发现爱德蒙十分诱人，认为自己诚实的丈夫奥本尼是个懦夫。高纳里尔就让爱德蒙回到康华尔那儿去，催促康华尔赶紧调集人马对抗法军。这边由她自己出马。在爱德蒙临行前，高纳里尔以饰物赠爱德蒙，并给了他一个吻。她现在对卑鄙的爱德蒙的爱要远远胜过对她鄙视的丈夫的爱。

奥本尼因目睹李尔的女儿们的不孝与残忍而觉悟。他见到高纳里尔，斥责她对父亲忘恩负义、蛮横下贱的行为，把老人逼得疯狂。妹夫康华尔作为堂堂汉子，继承了老王的国土，成了一邦的君主，受过老人的深恩厚德，不应对老王李尔这般虐待。二人吵了起来。这时使者传来消息说康华尔公爵已死，因为仆人刺中了他致命的部位，还带来妹妹里根的一封信。奥本尼听说康华尔挖去葛罗斯特的眼睛，是爱德蒙告发还故意离开那座房屋，无比愤怒。奥本尼感激葛罗斯特对老王李尔所做的一切，发誓要替葛罗斯特报被挖目之仇。

老王李尔在葛罗斯特和肯特等臣子的帮助下，秘密地到达了肯特伯爵领地内的多佛城堡。多佛为肯特的领地，生活比较方便；再则多佛在海边，离法国近，中间只隔了个英吉利海峡，便于李尔王和唯一忠于自己的女儿考狄利娅联系。

肯特来到多佛附近法军营地，侍臣向肯特说见到了考狄利娅，把她父亲老王李尔的不幸遭遇、她两个姐姐虐待父亲的罪行等告诉了她。她看着信，流下了眼泪，嘴里迸出了"父亲"两个字。考狄利娅十分悲愤，她说服了自己的丈夫法兰西国王派兵出征英国，要替老父主持正义。她也随军在多佛登陆，派人找她的父亲。

高纳里尔把爱德蒙送到里根那里，又害怕里根夺走爱德蒙，便让奥斯华德送信给他。

奥斯华德带着给爱德蒙的信来到了葛罗斯特城堡。遇到了里根，里根说爱德蒙有重要的事情，已经离开此地。信被里根强行拆看。里根告诉奥斯华德说，爱德蒙跟自己曾经谈起过，他向我求爱比向你家夫人求爱方便些。请奥斯华德将此话传给姐姐高纳里尔，让姐姐知道爱德蒙爱的是她，并让奥斯华德继续把这封信交给爱德蒙。里根后悔放走了葛罗斯特，因此叮嘱奥斯华德，若发现那瞎眼的葛罗斯特，把他除掉，可以得到重赏。

葛罗斯特和爱德伽走在通往多佛的路上，痛苦中的葛罗斯特一心想寻死，他问爱德伽距山顶还有多远，爱德伽说就要到了，已经听到了大海的声音。葛罗斯特感觉不到海的声音和爬山的艰难。爱德伽说那是因为您的眼睛痛得厉害，所以知觉也连带模糊起来。葛罗斯特还感觉到这个汤姆不再喋喋不休地讲恶魔的故事了，说话也理性了。爱德伽告诉他，他们已经到了悬崖边，还说这悬崖高得令人头脑昏眩。葛罗斯特放开爱德伽的手，送给他一个钱囊，说里面有一颗宝石，可以终身温饱。然后让他远离一边，自己跳了下去。

葛罗斯特并没有丧命，一个陌生人扶起了他，告诉他从这样千仞的悬崖上跌落下来，你的生命是一个奇迹。葛罗斯特说自己好像没有跌下来，陌生人说你就是从这可怕的悬崖绝顶上面跌下来的。并问葛罗斯特："刚才在那悬崖的顶上，从你身边走开的是什么东西？""一个可怜的乞丐。"葛罗斯特回答。陌生人却说，他看到的是一个满头都长着高低不齐的犄角的恶魔。一定是无所不能的神明在暗中保佑你。葛罗斯特从此下定决心摆脱恶魔，要耐心忍受痛苦活下去。实际上，这个陌生人就是爱德伽，他把父亲带到一座小山丘顶上，告诉他是悬崖，巧妙地帮助父亲摆脱了寻死的念头。

正当葛罗斯特和爱德伽交谈时，老王李尔头戴一个用鲜花、树叶和荨麻编扎成的花冠走来。这时老王李尔已经神志失常了，他经常胡言乱语。葛罗斯特辨别出老王李尔的声音，跪下来吻他的手，老王李尔把他当作了盲目的爱神丘比特，大声地咒骂世人的邪恶和贪欲。当老王李尔认出葛罗斯特时，又大叫着要杀死敌人。这时，一侍臣率侍从数人来到老王李尔面前，说是奉老王李尔的最亲爱的女儿考狄利娅的命令来救他，要把陛下送到他女儿那里。葛罗斯特和爱德伽明白了，这是考狄利娅派人来救父亲了。

葛罗斯特由爱德伽搀扶着走向考狄利娅营地。路上，他们遇见奥斯华德。奥斯华德因奉里根的命令，欲杀葛罗斯特。爱德伽劝阻不成，两人开始决斗。奥斯华德中剑倒地，临死前拿出自己的钱给爱德伽，请他把自己的尸体掘一个坑埋了。还有一封信，请爱德伽将信送给爱德蒙，说爱德蒙在英国军队里。这封信中高纳里尔要谋害她的丈夫，叫爱德蒙代替丈夫的位置。事情紧急，爱德伽安顿好自己的父亲，赶紧给奥本尼公爵送信。

在法国营帐里，父女得以相见，女儿泪流满面，为父王的悲惨遭遇而极度伤心。考狄利娅说："我亲爱的父亲！但愿我的嘴唇上有治愈疯狂的灵药，让这一吻抹去我那两个姐姐加在你身上的无情的伤害吧！"老王李尔一开始没有认出女儿，也不知道身在何处，也记不起来什么时候穿上一身衣服。经过治疗，他才逐渐清醒，终于认出了站在自己面前的是一直热爱他、忠于他的考狄利娅。

李尔在小女儿面前真诚地悔过，说自己是个年老糊涂的人，请求小女儿的宽恕。

第五幕

法国军队为了替辞去不列颠国王的李尔伸张正义，和爱德蒙、里根和奥本尼公爵的军队进行战斗。奥本尼知道老王李尔被逼迫无路可走，到他的小女儿那儿去了。在里根的怂恿下，奥本尼只能与她联手对抗法军。本来奥本尼提不起勇气来迎战，可是法国举兵侵犯自己的领土，这是他所不能容忍的。奥本尼极力赞成与法国交火，但要求保护好老王李尔和考狄利娅的安全。高纳里尔和里根两人为爱德蒙互相吃醋，爱德蒙却脚踩两只船。他要借奥本尼做号召军心的幌子。这时士兵打扮的爱德伽溜进来，趁其他人不备，把从奥斯华德手里得到的信交给奥本尼。奥本尼还没来得及看信，爱德蒙就通知他敌军已经逼近，要立刻集合军队应战。

英军战胜法军，老王李尔和他的小女儿考狄利娅被俘。此时的老王李尔已彻底认清了考狄利娅是真正孝顺自己的，考狄利娅做出这样大的牺牲也同样是为了老王李尔。心地善良的反而得到恶报，考狄利娅为父王的遭遇感到悲伤，请求见姐姐一面，安顿好父亲。但老王李尔却愿意同女儿一起待在监狱里。

恶棍爱德蒙俘虏了李尔父女后，很有野心，想篡夺英国王位，他决不能让英国国王李尔的小女儿活着。便派人把父女俩押进秘密监狱，同时交给监狱长一封密信，要监狱长在监牢里处死考狄利娅。

奥本尼读了爱德伽交给他的信，这是一封高纳里尔写给爱德蒙的密信，计划要谋害其夫奥本尼公爵，以便他们结婚。原来里根与爱德蒙的关系也暧昧，丈夫一死，她就把所有的权力托付给了爱德蒙，还决定与爱德蒙结婚。奥本尼立即以叛逆重罪逮捕爱德蒙，并要他与自己手下的一名骑士决斗。同时逮捕高纳里尔。他对里根说，高纳里尔已经跟这位勋爵有约在先，我对你们的婚姻表示异议。这时里根突然倒下，因为高纳里尔在她的食物里下了毒。

奥本尼叫传令官宣读命令。传令官宣读：在本军之中，如有身份高贵的将校官佐，愿意证明爱德蒙——名分未定的葛罗斯特伯爵，是一个罪恶多端的叛徒，请他在第三次喇叭声中出来。

喇叭三响后，爱德伽身着士兵装束走出，挑战爱德蒙。他当众宣布爱德蒙是一个叛徒，不忠于神明、父亲和兄长，阴谋倾覆这位崇高卓越的君王。二人决斗，爱德蒙被刺伤倒地。高纳里尔试图帮助爱德蒙，却因为奥本尼要展示高纳里尔给爱德蒙信的叛逆内容，慌忙跑掉。

爱德蒙伤势严重，想当英国国王的阴谋也失败了，他问爱德伽是什么人，还说你是一个贵族，我愿意对你不记仇恨。爱德伽说，在血统上我并不比你低微，要是我的出身比你更高贵，你尤其不该那样陷害我。我的名字是爱德伽，你父亲的儿子。父亲生下了你，你却使他丧失眼睛。

奥本尼拥抱爱德伽并问他父亲情况。爱德伽说出了与父亲相遇的经历。为了逃避对我残酷的宣判，我身穿疯人的褴褛衣服，流浪在荒野。我碰见了我的父亲，他的两个眼眶里淋着血，我替他做向导，带着他走路，为他向人求乞，把他从绝望之中拯救出来。直到半小时以前，我披上甲胄，才把我的全部经历从头到尾告诉他。可是他破碎的心承不起这样重大的喜悦和悲伤，在这两种极端的情绪猛烈的冲突之下，他含着微笑死了。

当我正在放声大哭的时候，肯特来了，知道了我的故事，他就抱住我的头大哭，他伏在我的父亲的尸体上，讲出了关于老王李尔和他的一段最凄惨的故事。那时候喇叭的声音已经响过两次，我只好抛下他，他一个人还在那如痴如醉的状态之中。

这时，侍臣传来消息，高纳里尔自杀，里根被高纳里尔毒死。

爱德蒙临死前有所醒悟，让爱德伽拿自己的剑赶快去城堡阻止军官执行李尔和考狄利娅的死刑。

但是考狄利娅已经被处死，老王李尔痛不欲生，亲手杀死了缢死女儿的奴才。

李尔哀伤之极，抱着考狄利娅的尸体，抚尸大哭。边哭边泣诉着：

哀号吧，哀号吧，哀号吧，哀号吧！啊！你们都是些石头一样的人，要是我有了你们的那些舌头和眼睛，我要用我的眼泪和哭声震撼穹苍。她是一去不回的了。一个人死了还是活着，我是知道的；她已经像泥土一样死去。借一面镜子给我；要是她的气息还能够在镜面上呵起一层薄雾，那么地还没有死。

肯特悲伤地跪在李尔的面前，李尔终于认出了肯特，却无法分辨他和"卡厄斯"之间的关系。肯特说自己就是"卡厄斯"，自从王上开始遭遇变故以来，一直跟随着您。肯特还告诉李尔，他的大女儿和二女儿已经死了。李尔胡乱地答应着。奥本尼宣示意旨，把最高的权力归还给李尔，爱德伽、肯特恢复原来的爵位。

小女儿被害这一打击对李尔来说太沉重了，他无法承受这巨大的悲痛：

我的可怜的傻孩子被他们缢死了，没有、没有、没有生命了！

为什么一条狗、一匹马、一只耗子都能有生命，

而你却不能有一丝呼吸呢？

心力交瘁的李尔终于倒下，在小女儿的尸首旁边哀伤而死。

奥本尼公爵请求忠实臣子爱德伽和肯特伯爵帮他主持大政，肯特谢绝，称已经听见老王李尔叫他上路。奥本尼作为英国国王，下令全国为老王李尔举哀，这出悲剧在丧礼进行曲中结束。

【赏析】

《李尔王》是一部气氛凝重的悲剧，它描写了一个专制独裁的昏君由于刚愎自用而遭受到悲惨结局的故事。全剧充斥着是非不分、人伦颠倒的丑恶和残忍，从头至尾充满了亲人之间的互相残杀和对权力的追逐。君臣、父女、父子、姐妹、兄弟、夫妻这些最稳定的天经地义的传统关系都受到了冲击和践踏。莎士比亚通过《李尔王》这部作品鞭挞的不仅仅是李尔王两个女儿的不孝，也不仅仅是爱德蒙和康华尔等人的各种阴谋诡计及暴政，而是整个社会的伪善以及各种罪行恶德。莎士比亚通过这些反面人物，揭露了封建贵族阶级的腐朽卑污，让人们看到了在早期资本主义关系中，封

建的人伦关系已然被摧毁，人文主义的思想意识已经深入人心。对当时英国社会的封建贵族生存状态及见利忘义的现实进行了无情的揭露和批判，将同情、仁爱、真诚等人文主义原则同丑恶的现实相对立并提倡。最后通过专横跋扈的李尔人性复归的艰难过程，表现了莎士比亚对未来社会的乐观态度，表达出一个人文主义者的理想和信念。

戏剧结构与主题思想

《李尔王》在结构上有主副两条情节线索，在主情节线中，李尔王因年事已高，决定摆脱"一切世务"，把国土分给他的3个女儿。因听信了大女儿高纳里尔和二女儿里根的花言巧语，而误解了小女儿考狄利娅的忠诚和正直，剥夺了她的继承权，将其远嫁法兰西，把国土全部分给大女儿和二女儿。让位后的李尔饱受了大女儿和二女儿的虐待而沦落旷野荒郊，最后是小女儿考狄利娅把他解救出来，并为此付出了自己的生命。在副情节线中，葛罗斯特因听信了私生子爱德蒙的谗言，误以为嫡生子爱德伽窥视他的爵位和家产，迫使爱德伽装疯流落他乡；后因同情李尔，被爱德蒙告密惨遭挖去双目，也流落旷野荒郊。最后，是爱德伽带他走向多佛，并陪伴他度过了生命中最后一段日子。作为父亲的李尔和葛罗斯特都因是非不清、盲目轻信而铸成大错。当他们明白真相后，与善良的、诚实的、正直的子女重逢后，或悲伤或喜悦过度而死去。这两条平行的线索在空旷荒野上交织穿插，增强了悲凉的气氛。这两条平行发展的情节也增添了悲剧的艺术感染力，同样的悲剧命运，既发生在国王李尔身上，也发生在大臣葛罗斯特身上，这种封建社会的命运遭遇具有了普遍的意义。

《李尔王》一剧的悲剧思想主题已超出了个人悲剧的范围，父女、父子关系的失常到家庭伦理的扭曲，至高无上的国王沦为疯癫的乞丐，争夺天下、爱情以致手足相残的阴毒等，打破了家庭的秩序、国家的秩序乃至整个道德意识的秩序，有悖天理。如葛罗斯特说的："最近这一些日食月食果然不是好兆；虽然人们凭着天赋的智慧，可以对它们做种种合理的解释，可是接踵而来的天灾人祸，却不能否认是上天对人们所施的惩罚。""亲爱的人互相疏远，朋友变为陌路，兄弟化成仇敌；城市里有暴动，国家发生内乱，宫廷之内潜藏着逆谋；父不父，子不子，纲常伦纪完全破灭。我这畜生也是上应天数；有他这样逆亲犯上的儿子，也就有像我们王上一样不慈不爱的父亲。我们最好的日子已经过去；现在只有一些阴谋、欺诈、叛逆、纷乱，追随在我们的背后，把我们赶下坟墓里去。"反映了当时社会人们的思想道德和生存状态。

利己主义和利他主义的两种道德原则引发了该剧的戏剧冲突。以高纳里尔、里根、爱德蒙为代表的利己主义者，贪婪和私欲极度膨胀导致其恶毒的行为。高纳里尔、里根把让位的父亲赶出家门，为争夺天下和情欲相残；爱德蒙为了获得继承权，陷害哥哥、离间葛罗斯特和爱德伽父子关系，再出卖父亲获得爵位。这种极端自私的行为把人与人之间那种天然的关系全然颠倒和无情打碎。他们人性之恶的道德共同性形成了一个不稳定的阵营。每个人都想利用别人的帮助来达到自己的目的，当利益冲突的时候，就会毫不犹豫地消灭盟友，如高纳里尔串通爱德蒙谋害自己的丈夫奥本尼，毒死自己的妹妹里根，完全丧失了道德和伦理，最终导致了自身的崩溃和毁灭。以考狄利娅、肯特、爱德伽为代表的人文主义理想者，坚持真理，具有诚实、同情心和正义感，敢于自我牺牲。考狄利娅不计前嫌一直爱着她的父亲，她在法国得知父亲李尔的困境之后，为了营救父亲，她说服法兰西国王起兵，自己随军秘密在英国登陆。老臣肯特伯爵忠诚正义，在李尔王昏庸之时，进谏被驱逐出境；得知老王李尔受到高纳里尔的虐待时，就预料到会有更大的灾难，他乔装仆人，跟随王上生死与共；为解救老王李尔，暗中通信给考狄利娅；老王李尔死后，他追随而去。爱德伽饱受弟弟的陷害，靠装疯得以生存，他是智慧的代表，特别是在剧情后半部，为家庭为国家铲除奸臣，起到了关键性的作用。两个道德完全对立的阵营在善与恶的较量中使得剧情逐步达到高潮，也让老王李尔对社会和人生有了深刻的体验。

人物形象分析

李尔王

国王李尔是封建最高权力下畸形发展的牺牲品。作为一个手中掌握臣民生杀大权的统治者，他主观专横，不辨是非，习惯了人们的阿谀奉承，对逆耳忠言极端反感，在头上那顶王冠的光芒笼罩下，他刚愎自用，越加自负和自尊，体现了一个封建帝王的专制和自私自利，任性是李尔王性格的主要特征，这必然铸成家庭和国家的悲剧。在"家天下"思想的支配下，李尔在没有儿子继承王位的情况下，将国土分给自己的3个女儿是他封建伦理思想的体现。在家天下的君主政权统治下，这样的分封是无可指责的。问题是李尔王决定出让他的领土，仍要保持他的尊严，他天真地要求即使在政治上不做国王，也要做名义上的国王，他内心深处实际上有着继承者们对于他的意志绝对服从的愿望。所以，在分国土的时候，要女儿们表示对他爱的程度。当小女儿说出他认为不是他想听的话语时，暴怒的他不顾忠臣的劝谏轻易地行使王者的专制权力，也是最后的一次权力，剥夺小女儿的继承权，把全部财产分给大女儿和二女儿，他带100个骑士要轮流在两个女儿家住。

当那两个继承了他的一切的女儿对他傲慢相待，以及旧臣对他现出轻蔑的态度时，他全部的生活信念瞬间破灭了。他开始饱尝丧失王位后的痛苦和经历，从一个刚愎专横的暴君沦为一个无家可归的流浪汉。他疯了，流落在荒野，但这又是他清醒的开始。他从雷鸣电闪中忽然看清了自己罪恶的过去和虚伪的朝廷，亲身感受到恶势力对他的迫害，他对自己在世上的地位有了重新的认识，他"遭人贱视"的处境又使他靠近了人民，他亲眼看到了人民的苦难。他深深地懊悔：从前在位时，很少想到或完全没有想到过居住在他的国家里无数苦难的人们，如今自己的命运与千千万万穷人的命运一样了，他开始为自己以前没能体恤民情而自我谴责。他灵魂深处的美好的东西开始展现出来，他举止温和、宽宏大度，对不幸者抱有同情心，具有了人道的公正态度。

暴风雨一场戏，是全剧的高潮，是李尔从王者之身到平民之躯的转身。在暴风雨中，他关心地让肯特和弄人先进茅草屋。他在雷电交加之中喊道："衣不蔽体的不幸的人们，无论你们在什么地方，都得忍受着这样无情的暴风雨的袭击，你们的头上没有片瓦遮身，你们的腹中饥肠雷动，你们的衣服千疮百孔，怎么抵挡得了这样的气候呢？"表现了对当时劳动人民悲惨处境的同情。他对统治阶级发出这样的呼吁："安享荣华的人们啊，睁开你们的眼睛来，到外面来体味一下穷人所忍受的苦，分一些你们享用不了的福泽给他们，让上天知道你们不是全无心肝的人吧！"李尔王内心的激烈斗争与大自然中的狂风暴雨相呼应，他认识到自己的罪恶，认识到世间存在的罪恶。经过人世间狂风暴雨的冲刷，他已经变成道德完善的新人。

莎士比亚通过李尔王悲剧性的人生，反映了腐朽的封建社会末期的社会现实。又通过李尔王的性格发展变化，由当初的主观骄横、狂暴任性，到以一个普通人的身份所获得的对现实生活的新感受，看到了底层人民群众的贫困和凄苦，看到了人世的不公，认识了一些他过去不可能认识的人与事。特别是他得到考狄利娅的宽恕、爱怜后人性得以复归，充分显示了人文主义思想的胜利，也有对在位君主寄托的希望。

考狄利娅

考狄利娅是李尔的小女儿，是一个代表了莎士比亚人文主义理想、体现了人文主义真理与爱情理想的悲剧女主人公。在剧中，她出场的次数不多，台词也很少，不足 100 行，但她的身上体现了人性中光明的一面，她对父亲的爱是无价的、无条件的。在父亲危难之际，这位被父亲赶出家门的女儿挺身而出。当父女见面时，人们看到了她仁慈、孝心和温婉动人的感人场面，她祈求慈悲的神明医治父亲被凌辱的心灵中重大的裂痕，保佑这个被不孝的女儿所反噬的老父，让他错乱昏迷的神志恢复健全。愿自己的吻能抹去两个姐姐加在父亲身上的无情的伤害。她对疲惫昏睡的父亲痛心地哭诉这世间的不平："假如你不是她们的父亲，这满头的白发也该引起她们的怜悯。这样一张面庞是受得起激战的狂风吹打的吗？它能够抵御可怕的雷霆吗？在最惊人的闪电的光辉之下，你，可怜的无援的兵士！戴着这一顶薄薄的戎盔，苦苦地守住你的哨岗吗？我的敌人的狗，即使它曾经咬过我，在那样的夜里，我也要让它躺在我的火炉之前。但是你，可怜的父亲，却甘心钻在污秽霉烂的稻草里，和猪狗，和流浪的乞儿做伴吗？"

她的温柔、真诚、坦荡等美好的心灵在牵引着剧情从黑暗走向那朦胧中的光亮。正是她对真理和正义的维护和忠诚，体现出人性的庄严和优美。李尔王的悲剧终结于考狄利娅的爱，李尔的人性复归也是在见到考狄利娅并得到她的宽恕、爱怜后才完成的。法国军败，考狄利娅和李尔被俘，这时的李尔尽管双手被捆了起来，但他却感到是自由的，因为他得到了考狄利娅，对世界找到了新的认识。

考狄利娅的悲剧，使《李尔王》这部悲剧增强了崇高的悲剧感，具有了深刻的时代意义，反映出人文主义者的理想在现实社会中看见了黑暗中的亮光，但还不够清晰，有一种找不到出路的绝望。

其他人物形象

葛罗斯特、爱德伽和爱德蒙父子三人的悲剧，源于封建社会的爵位财产继承观念。

葛罗斯特是李尔王的一个老臣，位居伯爵。他迷信，轻信，但不乏忠诚。像李尔王一样他很容易被甜言蜜语所蒙骗，他不假思索地轻信了爱德蒙诽谤陷害兄长爱德伽的话，冲动地大动干戈地在全城捉拿嫡生子，并剥夺了爱德伽的继承权。但是在他的城堡里发生了李尔被大女儿、二女儿和康华尔公爵赶进暴风雨中的事情，他无法忍受他们的行为，果断地帮助李尔，为李尔找一处遮风挡雨处。因为爱德蒙的出卖，他惨遭高纳里尔和里根夫妇的折磨，以至被挖去双眼流落荒原。这时的他清醒了，看清了爱德蒙的真实面目，意识到爱德伽对自己的忠诚和孝顺，悔恨不已。后来，他得到爱德伽的救助和陪伴，在大悲大喜的交错中死去。他从有眼睛时的"盲目"到无眼睛时精神上的"复明"，体现了和李尔同样的人文精神的觉醒，也体现了他对封建家庭压迫的反抗，体现了他性格中的忠诚勇敢。

爱德蒙是剧中的反面角色，运用权谋和情色使他从私生子的卑微地位跃升到爵位。他阴险狡诈，野心勃勃，为了独霸父亲的财产和爵位，他先离间父兄的关系，靠父亲的手逼走了爱德伽。他出卖父亲，用里根和康华尔的手挖去了父亲的双眼，得到父亲的爵位。用爱情的手段在高纳里尔和里根姐妹间左右逢源，想成为整个国家的主人。他不对任何人有忠诚仁爱之心，加害李尔和考狄利娅。当一切阴谋溃败，临死前，他人性未完全泯灭，表现在他告诉爱德伽去解救即将被处死的考狄利娅和李尔。

爱德伽忠厚善良，因弟弟爱德蒙嫉恨他是合法的嫡子而遭算计，他被父亲葛罗斯特诅咒和捉拿而浪迹天涯。为了保全自己的生命，他扮成了"可怜的汤姆"———一个疯了的乞丐。他看到了世界的虚伪和丑恶，在逆境和苦难中磨炼出智慧和胆略。当父亲维护李尔被弟弟出卖、被剜去双眼流落荒野时，他悬崖救父，设法让父亲相信是神明的保佑，从精神到肉体彻底地拯救了父亲。他及时将一封包藏巨大阴谋的信件交到奥本尼手中，阻止了一场血腥的宫廷内讧，勇敢地以高贵的身份与爱德蒙决斗，为父亲报了仇，为国家献出智慧。

高纳里尔和里根都具有强烈的女权意识，向往最大的权力和感官享受，有极大的欲望和野心，是邪恶势力的代表。她们不仅对父亲不敬，而且对丈夫也不忠实。她们二人私下都和阴险毒辣的爱德蒙有不可告人的勾当，甚至姐妹二人还争风吃醋。里根的丈夫康华尔恰于此时死去，高纳里尔怕妹妹里根夺走她的情人，把自己亲妹妹毒死。

高纳里尔敢于挑战父权、夫权，敢于争夺情人，心狠手辣。她用花言巧语讨好父亲李尔王获得了国土和权力。拥有了半个国家的国土和权力的她开始展现恶的行为。然后就以各种借口和各种方式虐待父亲，甚至联合妹妹里根采取一致行动，将父亲赶出家门。她不安妇道，不愿与正直的丈夫生活在一起，与心术不正的爱德蒙共同策划杀害丈夫。为了得到情人爱德蒙不择手段，她不惜英法战争胜败、不惜毒死妹妹，也不能让妹妹夺走爱德蒙。最后，因阴谋败露自杀身亡。其原因就是为了扩大权力。

里根更为阴险和狠毒，当得知父亲老王李尔奔自己而来，她和丈夫离开自己的公爵府连夜到葛罗斯特的城堡等候老王李尔，她和姐姐串通一气，将老父亲赶到暴风雨中，对帮助老王李尔的葛罗斯特，她要丈夫实施挖去双眼的酷刑，亲手刺死阻止康华尔恶行的仆人。还派人对流落他乡的葛罗斯特赶尽杀绝。丈夫死后，里根当即宣布她准备和爱德蒙结婚，欲与奥本尼的国土、权力和地位抗衡，以致被姐姐毒杀。

作品对忠臣肯特以及那个既聪明机智又半疯半傻的弄人的形象，都刻画得生动逼真。

老臣肯特忠诚、直率，他对李尔和考狄利娅的忠心即使在放逐的境遇中也不曾改变。他乔装追随老王，一路上与李尔同风雨共患难，他在老王不清醒的时候，就与考狄利娅沟通和联系，为李尔保驾。最后，得知李尔因考狄利娅的死去哀伤致死，他不要奥本尼给他的权力，追随李尔而去。

弄人名曰"傻瓜",是这幕剧中最有智慧的角色,他以一种古怪的扭曲的角度看待这个世界。他忠于老王李尔,一直与老王李尔同甘苦共患难。剧中他是唯一可以用诙谐言语指责李尔的愚蠢,又不遭放逐的人。他通过半真半假、半疯半傻的话指出老王李尔的错误。如他这样批评老王李尔平分国土给两个女儿的愚蠢行为:"您把自己的王冠从中间剖成两半,把两半全都送给人家,真像是把驴子负在背上背过泥潭。您那光秃的头顶里面没有一点脑子,所以才会把一顶金冠送人。"展现了普通人的非凡智慧。

艺术手法

莎士比亚运用具有多元意蕴的暴风雨,来体现老王李尔的内心世界。暴风雨这一意象既是大自然真实的景象,打在李尔的身上,继而转化为李尔内心的风暴。这个不久前还高高在上不可一世的国王,如今在这泥泞的无遮无挡的暴风雨中,用撕心裂肺的颤抖声,无力地向两个女儿发出诅咒,向可怜的穷人发出同情。他悔恨交加,不能自已,就在这痛苦绝望的顶点,忽然暴风雨成为过去,在阳光照耀下的草原出现了为父亲讨伐姐姐的考狄利娅的形象。

莎士比亚利用疯话和正经话夹杂在一起,表现了老王李尔"疯子的"真实的思想转变状态。用爱德伽的话来说,"说出来的话却不是全无意义"。老王李尔疯了以后,固然说了一些疯言疯语,但同时也说了一些十分清醒、十分透彻、一矢中的、切中时弊的话,发人深省。例如,他说:"褴褛的衣衫遮不住小小的过失;披上锦袍裘服,便可隐匿一切。罪恶镀了金,公道的坚强的枪刺戳在上面也会折断;把它用破烂的布条裹起来,一根小小稻草便可戳破它。"表面上是疯话,事实上是真话,这里,老王李尔对他那个社会金钱与权势的揭露是深刻的。"褴褛的衣衫"代表贫穷,"锦袍裘服"则象征着财富和权势地位。罪恶镀了金,正义以至法律都对它无可奈何，对权威、法官、法律、不义等实质也进行了彻底的批判。比如："你没看见那法官怎样痛骂那个卑贱的偷儿吗？侧过你的耳朵来,听我告诉你,让他们两人换了地位，谁还认得出哪个是法官、哪个是偷儿？""一条得势的狗，也可以使人家唯命是从。"这些"疯话"由曾经的国王李尔说出，其中的自省、无奈、悲愤各种情感流泻而出,深刻地揭露了当时社会的现实。

莎士比亚在人物设计上独具匠心，人物自身对比强烈，引人深思。比如：李尔在位时的昏庸至极到疯癫后的清醒明理，葛罗斯特毫发无损时有眼无珠、被挖去双眼后看清了爱德蒙的真相，表现他们各自走上了一条漫长而充满磨难的道路，最后才认清世界上的善与恶。

在场景设置上也十分精彩。例如"暴风雨"的场景（三幕二场），老王李尔和考狄利娅在法军营帐中谈话场景（四幕七场），还有老王李尔幻想"审判"两个女儿的场景（三幕六场），都特别值得一提。老王李尔被两个忤逆不孝的女儿赶出大门，走投无路，在狂风暴雨中流浪，受尽饥寒交迫之苦，内心的痛苦达到极点。他在极度痛苦中，呼天天不应，叫地地不灵，神志终于失常了。他把装疯的爱德伽和弄人当作"法官"，又叫肯特做"陪审官"，他自己作为"原告"，当场控诉两个忘恩负义的女儿的罪行。正在审判时，发现女儿"不见"了，他大声疾呼："拦住她！举起你们的兵器，拔出剑来，点起火把来！营私舞弊的法庭！枉法的法官，你为什么放她逃走？"这个场面是异常感人的，它用假法庭、假审判的形式，表达了老王李尔内心的极度愤怒和苦痛，表现了老王李尔的神志失常，引起了观众在思想感情上的强烈共鸣，显示出莎士比亚对社会和人生的深刻感受。

《威尼斯商人》

《威尼斯商人》是莎士比亚的著名喜剧之一，但它也是喜剧中的悲剧，它探究的是金钱这一古老而又永不过时的话题，是莎士比亚早期喜剧中最富于社会讽刺意义的一部。在对犹太民族充满敌视和偏见的社会环境中，莎士比亚用现实主义的大手笔间接地揭示了造成该剧人物冲突的宗教根源，使这部喜剧暗含着深刻的社会悲剧性。作品成功地塑造了吝啬冷酷的高利贷者夏洛克的形象，以及助人为乐、追求爱情自由、才智超群的安东尼奥、鲍西娅、巴萨尼奥等人物形象。

【时代背景】

《威尼斯商人》写于1596年，主要情节取材于14世纪意大利作家乔万尼·菲奥伦蒂诺的小说《傻瓜》。

16世纪后期，在女王伊丽莎白一世的统治下，资本主义经济发展迅速，英国出现了经济繁荣和政治安定的局面，王室和资产阶级之间形成了暂时的联盟。1588年，英国打败了西班牙的"无敌舰队"，取得了海上霸权，海外贸易也盛极一时。到16世纪90年代，英国社会保持着表面的繁荣，各种矛盾逐渐尖锐化起来。首先，当时的社会民族矛盾日益突出，犹太民族被看作是劣等民族，犹太教徒被称作异教徒，受到基督教的轻蔑和压迫。再者，当时的高利贷资本与商业资本是中世纪留下的两种不同形式的资本。高利贷资本是旧式的，不利于商业发展；而商业资本是新式的，敢于海外冒险，有利于商品流通，促进生产的发展。人们对从事海外贸易的商人有好感，对高利贷者却极端厌恶和痛恨。莎士比亚开始感到人文主义理想与英国社会现实之间的距离。作为一个资产阶级作家，对解决社会上和生活中出现的矛盾充满信心，他的喜剧还是愉快乐观的。但社会讽刺因素已有所增长。《威尼斯商人》是莎士比亚从写作喜剧转向写作悲剧的承前启后的代表作，体现出莎士比亚的人文主义者的爱憎情怀和开明态度。

【剧情梗概】

第一幕

威尼斯是意大利的一个著名古城，街上水道纵横，可以行舟，风光旖旎。城中有一位名叫安东尼奥的青年商人，他为人豁达、乐善好施、助人为乐，特别是对朋友重义轻利，拥有许多朋友。其中有个最要好的朋友叫巴萨尼奥，是个青年贵族。巴萨尼奥为了维持外强中干的体面，把微薄的产业挥霍殆尽，经常入不敷出，常常接受安东尼奥的救济。巴萨尼奥看上了贝尔蒙特城的名门闺秀鲍西娅。鲍西娅年轻美貌，德行甚佳。她的父亲新近去世，留给她大笔遗产，远近人们向她求婚者甚多。巴萨尼奥自认为以自己的人品和才智，向她求婚必能获胜。但因为自己无法像其他有钱的贵族子弟一样讲排场，担心遭到鲍西娅的拒绝。他请求安东尼奥相助，向他借 3000 块钱。安东尼奥当时手头刚好无钱，因他的货船远航未归，全部财产都在海上，也没有可以变卖成现款的货物。为了帮助朋友，他决定以自己的船队作保向放高利贷的夏洛克借钱。

安东尼奥找到了夏洛克，拿自己船上的货物作担保，希望能借到3000 块钱。夏洛克是威尼斯城里有名的犹太富人，他在威尼斯放高利贷，此人为人悭吝刻薄，放债利息很高，条件又苛刻，心狠手辣，对还不起钱的人毫不仁慈。他特别恨安东尼奥，原因有两个：一是安东尼奥经常无偿地借钱给别人，从不收利钱，这影响到了夏洛克经营的高利贷业，搅扰了夏洛克盘剥取利的生意；二是夏洛克是犹太人，平常受基督教徒歧视很厉害。安东尼奥是一位基督教徒，他憎恶犹太民族。加上一向憎恶夏洛克的为人，曾在商人会集的场所当众辱骂夏洛克，所以夏洛克对安东尼奥早就有"深仇宿怨"。当安东尼奥和巴萨尼奥一起来借钱时，夏洛克最初不愿借，后来想趁此机会进行报复，就表示同意借钱，定了个极为古怪而残酷的条件，不收分文利息，但须写下借约，即贷款以 3 个月为期，届期若不能还清本金，就从安东尼奥身上割下一磅肉。巴萨尼奥劝安东尼奥别向他借钱了，但安东尼奥将其视为一个玩笑。况且自己的货船不到期限就能返回，想到那时会有"九倍这笔借款的数目进门"，因此，便不顾巴萨尼奥的反对，同意了条件。于是三人同往律师处签订借约合同，约好 3 个月后安东尼奥若不能偿还 3000 块钱欠款，夏洛克就可以在他身上任选一个地方割下一磅肉来。

第二幕

巴萨尼奥动身求婚之前宴请宾客，举行一个化装舞会，夏洛克亦被邀请参加。事实上这是巴萨尼奥和自己的好友罗兰佐商量好的计策。因为罗兰佐与夏洛克的女儿杰西卡相爱，然而夏洛克不同意，对女儿管得甚严。杰西卡希望自己皈依基督教，做罗兰佐的妻子。借着巴萨尼奥大宴宾客，夏洛克一离开家，杰西卡和罗兰佐就趁机乘船逃往外地。杰西卡还带走夏洛克许多金银财宝。夏洛克回家发现时已晚。他懊丧万分，又无可奈何。不久，即传来消息说他女儿杰西卡与罗兰佐拿了他的钱在贝尔蒙特城热那亚过着豪华生活，他听了气急败坏。

巴萨尼奥拿到钱后，带着侍从葛莱西安诺衣冠楚楚地赶去贝尔蒙特城向鲍西娅求婚。

在贝尔蒙特城的鲍西娅家中，鲍西娅的求婚者不在少数。而鲍西娅却自有一番苦衷，她的婚姻要由抽签决定，自己也没有任何选择的权力。侍女尼莉莎说起老太爷在世的时候，有一个文武双全的威尼斯人巴萨尼奥，是最值得选择的。鲍西娅说他值得夸奖。鲍西娅慨叹"一个活着的女儿的意志，却要被一个死了的父亲的遗嘱所钳制"，但她仍然遵从父命。她的父亲临终时想出了一个新奇的办法帮助女儿选婚并立下遗嘱，要女儿将来结婚照此办理。父亲的遗嘱甚怪，求婚者通过抽签决定的方法，用金、银、铅金属造3个小匣子，其中一个匣子中装有鲍西娅的小画像，谁要选中这个有小画像的匣子，便可以跟女儿匹配成亲。更奇怪也更苛刻的是，遗嘱还要求婚者发誓，如若选错了，他终身不再向任何女子求婚。

一连4位求婚者看见条件太苛刻，不敢问津，都来向她告别。第五位来的是摩洛哥亲王，他下决心选了金匣子，打开看时，里面竟是一个死人的骷髅，那空空的眼眶里藏着一张有字的纸卷。上面写着：

闪光的不全是黄金，古人说的话没有骗人；

多少世人出卖了一生，只因迷惑于我的外形，

镀金坟墓装的是蛆虫。你若大胆又聪明，

手脚壮健，见识却老成，就不会得到如此回音，

再见，劝你冷却这片心。

摩洛哥亲王乘兴而来，败兴而去。接着，法国的阿拉贡亲王也来求婚，宣过誓后，他选了银匣子，打开一看里面是一个眯着眼睛的傻瓜的画像，上面还写着字句：

这银子在火里炼过七道，那永远不会错误的判断，

也必须金刚烈火炼七遭。谁要是终身只追逐幻影，

便只能在幻影中把幸福寻找。我知道世上尽有些呆鸟，

空有着一个镀银的外表。随你娶一个怎样的妻房，

摆脱不了这傻瓜的皮囊，去吧，先生，莫再耽搁时光！

这时，温雅的葛莱西安诺来到门前，说他的主人叫他先来向小姐致意，除了一大堆恭维的客套以外，还带来了几件很贵重的礼物。

第三幕

在威尼斯的街道旁，安东尼奥的两个朋友萨莱尼奥和萨拉里诺正在谈着一则传闻，听说安东尼奥的一艘满载货物的船只在海峡里倾覆了。他们见到夏洛克，便向他打听消息，夏洛克一心想的是女儿逃走的事，咒骂自己女儿说："我希望我女儿死在我的脚下，满耳朵戴满了珠宝！我愿她就在我脚下安葬，把那些银钱都填在她棺材里！"当他们问他是否听说安东尼奥商船出事的消息时，夏洛克念念不忘的是那一份借约。他要除掉竞争对手，独霸威尼斯生意，想到安东尼奥对他的民族歧视，这种宗教压迫积蓄已久的深仇宿怨爆发了。他喊出了著名的台词：

拿来钓鱼也好；即使他的肉不中吃，至少也可以出出我这一口气。他曾经羞辱过我，夺去我几十万块钱的生意，讥笑着我的亏蚀，挖苦着我的盈余，侮蔑我的民族，破坏我的买卖，离间我的朋友，煽动我的仇敌；他的理由是什么？只因为我是一个犹太人。难道犹太人没有眼睛吗？难道犹太人没有五官四肢、没有知觉、没有感情、没有血气吗？他不是吃着同样的食物，同样的武器可以伤害他，同样的医药可以疗治他，冬天同样会冷，夏天同样会热，就像一个基督徒一样？你们要是用刀剑刺我们，我们不是也会出血的吗？你们要是搔我们的痒，我们不是也会笑起来的吗？你们要是用毒药谋害我们，我们不是也会死的吗？那么要是你们欺侮了我们，我们难道不会复仇吗？

　　夏洛克的朋友向他证实了安东尼奥商船出事的消息。夏洛克为此欣喜万分，连连喊着："好消息，好消息！"他让朋友先到衙门里走动走动，花费几个钱。要是安东尼奥愆了约，他就要挖出安东尼奥的心来，他甚至准备去法院控告安东尼奥了。

　　巴萨尼奥来到鲍西娅家里。鲍西娅见他温文尔雅，一表人才，心生喜欢。但父亲遗命不能违，求婚一事，还得用选匣子办法。巴萨尼奥是个有心思有头脑的人，他看到金、银、铅3个匣子时，认为"外观往往和事物本质不符，世人却容易为表面装饰所欺"。巴萨尼奥不为金匣、银匣表面的装饰所惑，他选了质朴无华的铅匣子，打开一看，里面竟是美丽的鲍西娅的画像！再看一张纸上面写着：

　　不凭外表做抉择，选中目标多幸运！

　　胜利既已归属愿，应知满足勿旁寻。

　　此事如若您中意，掌握幸福莫迟疑；

　　请即转身向此女，赠她一吻定终身。

　　此时，巴萨尼奥万分欣慰，他获得了鲍西娅的爱情。鲍西娅也同样欢快激动。她郑重地把一个指环送给巴萨尼奥，要他戴在手指上，永不脱去，并说如果指环丢失或送给别人就意味着这份爱情的毁灭。在场的巴萨尼奥的朋友葛莱西安诺和鲍西娅的侍女尼莉莎也表示要结为伉俪，尼莉莎也送给葛莱西安诺一个指环。

　　正在他们为此庆贺之时，萨莱尼奥送来安东尼奥的信。安东尼奥的信中说，他的"船只悉数遇难，债主煎迫，家业荡然。犹太人之约，业已愆期，履行罚则，殆无生望"，只求死前与好友巴萨尼奥再见一面。鲍西娅了解了事情的来龙去脉后连忙让巴萨尼奥带上一笔巨款与其朋友葛莱西安诺前往威尼斯搭救安东尼奥。为让巴萨尼奥能合法地使用她的钱财，在其动身前两人结了婚。

巴萨尼奥走后，鲍西娅写一封信，托人火速送到帕度亚她的表兄律师培拉里奥博士手中；再把表兄的回信和衣服乘公共渡船送到威尼斯。鲍西娅和尼莉莎二人女扮男装，前往威尼斯去了。

第四幕

威尼斯法庭开庭审判。在威尼斯法庭上，公爵请夏洛克顾及安东尼奥最近接连遭受的巨大损失，放弃对安东尼奥的处罚；孰料夏洛克固执异常，请求威尼斯公爵主持公道，坚持照契约执行处罚。威尼斯公爵出于对安东尼奥的同情心，想尽方法劝说夏洛克，希望他接受巴萨尼奥提出的增加一倍以6000块钱来偿还债务，放弃索取一磅肉的要求。尽管公爵竭力劝说，夏洛克仍然固执己见，——予以拒绝，并且使劲儿地磨刀，要割安东尼奥身上一磅肉。葛莱西安诺愤怒地说："你这把刀是放在你的心口上磨，无论哪种铁器，就连刽子手的钢刀，都赶不上你这刻薄狠毒的心肠一半的锋利。"夏洛克对公爵说："要是您拒绝了我，那么让你们的法律见鬼去吧。威尼斯城的法令等于一纸空文。我现在等候着判决，请快些回答我，我可不可以拿到这一磅肉？"公爵说："我已经差人去请培拉里奥博士，来替我们审判这件案子；要是他今天不来，我可以有权宣布延期判决。"正在双方各不相让、难分难解时，外面有一个使者刚从帕度亚来，带着培拉里奥博士的书信，等候着公爵的召唤。法庭从帕度亚请来协助审理此案的法学博士来了。原来，培拉里奥博士从表妹鲍西娅的信件中得知事情的原委，便以身患疾病为托词，向公爵推荐鲍西娅代审此案。鲍西娅和侍女尼莉莎分别乔装成律师和书记，来到威尼斯法庭。公爵宣布由这位年轻律师审理此案。于是，化了装的鲍西娅便正式坐在法官席上进行审判。法官对夏洛克说你这场官司打得倒也奇怪，可是按照威尼斯的法律，你的控诉是可以成立的。法官再三要求夏洛克慈悲一些，不要索取安东尼奥的肉。被告一方愿出 3 倍的钱还他。夏洛克仍然坚持要割肉，寸步不让。夏洛克甚至扬言：就是"把整个儿的威尼斯给我，我都不能答应"。法官说那么就照约处罚。根据法律，这犹太人有权要求从这商人的身上割下一磅肉来。夏洛克高兴极了，准备在安东尼奥心口附近开刀。巴萨尼奥十分痛苦，对安东尼奥说："我爱我的妻子，就像爱我自己的生命一样；可是我的生命、我的妻子以及整个的世界，在我的眼中都不比你的生命更为贵重；我愿意将这一切，送给这恶魔来救你的生命。"鲍西娅不动声色地说："尊夫人要是就在这儿听见您说这样的话，恐怕不见得会感谢您吧。"葛莱西安诺说："我爱我妻子，可要是她能求神灵改变这恶狗一样的犹太人的残忍性格，我宁愿她升入天堂。"尼莉莎回答："幸亏你是背着她说这样的话，否则府上一定要吵得鸡犬不宁了。"法官问称肉的天平有没有预备好？夏洛克说他已经带来了。法官让夏洛克去请一位外科医生来替他堵住伤口，费用归你负担，免得他流血而死。夏洛克说约上有这样的规定吗？约上没有这一条。法官对夏洛克说："那商人身上的一磅肉是你的，法庭判给你，法律给予你。"夏洛克夸奖博学多才的法官判得好。正当夏洛克得意扬扬马上就准备割安东尼奥心口上的肉时，突然，鲍西娅话锋一转，说："这契约没有允许你取他的一滴血，只是写明'一磅肉'，所以你可以照约拿一磅肉去，但是在割肉时，如流下一滴基督教徒的血，你的土地财产，按照威尼斯的法律，就要全部充公。"

　　夏洛克目瞪口呆了。鲍西娅的这几句话，使他不知所措、无计可施。这时，该轮到安东尼奥的朋友葛莱西安诺赞扬法官了："啊，正大光明的法官！听着，犹太人，啊，博学多才的法官！"夏洛克在惊呆过后，知道事情不妙，立刻改变要求，说："那么我愿意接受还款，照约上的数目 3 倍还我，放了那基督徒。"巴萨尼奥拿出了赔款，准备交给夏洛克。可是法官说："慢！根据借款契约规定，他只能割肉，不能接受赔偿，而且割肉时流一滴血，或多割、少割一丝一毫，都要抵命，而且财产充公。"夏洛克进退两难，只好说他只愿收回本钱，其他都不要了。鲍西娅说这也不行，因为夏洛克已当庭拒绝了要钱，现在只能给他公道，让他履行原约。夏洛克只好说这场官司他不打了。法官说："等一等，犹太人，法律上还有一点牵涉你。威尼斯的法律规定：凡是一个异邦人企图用直接或间接手段，谋害公民，查明确有实据者，他的财产的半数应当归受害的一方所有，其余的半数没入公库，犯罪者的生命悉听公爵处置，他人不得过问。你快请求公爵饶恕吧！"公爵饶了他的死罪，但其财产一半应归安东尼奥，另一半归公。安东尼奥主动代夏洛克求情，请公爵和法官从宽发落，免予没收夏洛克的一半财产，给安东尼奥的一半财产则由安东尼奥代管，等夏洛克死后交给其女儿、女婿。但有两个条件，一是他必须信基督教，二是必须当庭立下文契，死后财产全部赠给女儿、女婿。夏洛克只能同意。

审判结束，巴萨尼奥与安东尼奥对法官非常感激。巴萨尼奥执意将还债的3000块钱送给法官，作为酬谢。化装为法官的鲍西娅有意考验自己的丈夫，执意不肯收钱，见巴萨尼奥再三请求，则提出要他手上的指环。巴萨尼奥说指环是妻子所赠，他决不能把它遗失或送人，因而难以从命。鲍西娅说这是他的推托之词，说完便退出法庭。安东尼奥感到过意不去，终于说服巴萨尼奥脱下指环，请葛莱西安诺追上法官，把指环赠给法官。扮成法官的书记的尼莉莎也用同样办法，把自己赠给葛莱西安诺的戒指要了过来。然后这两个青年女子赶回贝尔蒙特，换上女装，等待自己丈夫归来。

第五幕

一会儿，巴萨尼奥、葛莱西安诺与安东尼奥一起归来。鲍西娅和尼莉莎一看他们回来，便向他们要指环。巴萨尼奥和葛莱西安诺拿不出指环，只好照实说指环送人了，两个女子便指责他们不忠于妻子。安东尼奥慌忙代巴萨尼奥求情，保证巴萨尼奥以后再不敢对妻子不守信用。这时，鲍西娅把指环拿出，说她将再给自己丈夫一个指环，希望今后再不要拿来送人。巴萨尼奥一看，竟是原来自己那个指环，大为吃惊，不知是何缘故。鲍西娅拿出法学专家培拉里奥的信给自己丈夫看，他才恍然大悟，知道原来那个年轻聪明、博学多才的"法官"竟然就是自己的妻子鲍西娅，尼莉莎就是律师秘书，真是又惊又喜。于是鲍西娅才告诉他详细情况。就在这时，传来消息：安东尼奥的商船已满载而归，平安抵港。

安东尼奥以及巴萨尼奥与鲍西娅、葛莱西安诺与尼莉莎、罗兰佐与杰西卡三对情人都沉浸在欢乐的气氛之中。

【赏析】

《威尼斯商人》代表着莎士比亚喜剧的最高成就，同时，这部作品也是最有争议的喜剧作品。事实上，它不完全是喜剧，应该算作"悲喜剧"更为合适。剧本里有不少悲剧因素，可能成为安东尼奥的一出悲剧，只是到了后来，鲍西娅出现在法庭上，才救了安东尼奥，使得悲剧未能发生，最后以喜剧结束。

《威尼斯商人》这部喜剧讲的不是爱情故事，而是文艺复兴时期具有较好个人品质的商业资本家安东尼奥与放高利贷者夏洛克之间的斗争，它是一部现实主义作品。

剧中的"借债割肉""三匣择婿"和"卷款私奔"三个情节均有出处，但剧作家把原来的以爱情和冒险为主的传奇点化为富有深刻意义的社会现实，安东尼奥、巴萨尼奥、鲍西娅、杰西卡等青年，凭着友谊和爱情这条最高的道德法则，战胜了放高利贷者夏洛克的凶狠、贪婪和报仇意愿，表现了一代青年的幸福观和人文主义理想，作品讴歌了真挚的友谊、爱情和仁慈，谴责卑劣的贪婪、冷酷和凶残。全剧除具有莎士比亚戏剧共有的抒情浪漫风格外，还具有讽刺性和社会批判性，表现了欺诈报复的主题。

人物形象分析

夏洛克

夏洛克是莎士比亚笔下最著名的反面人物形象。在剧中，他是构成戏剧矛盾冲突的唯一的对立面人物，他具有悲喜的双重性格。作为高利贷商人；他嗜钱如命、凶狠残暴，是个十足的奸商。他是高利贷资本的代表，是一毛不拔的守财奴。他靠高利贷剥削别人发了财，是个典型的吸血鬼。他不仅对一切向他借钱的人敲骨吸髓、剥皮抽筋，甚至对自己女儿也极端苛刻。仆人朗斯洛特在他家里也被饿得骨瘦如柴，不堪其苦。但作为一个犹太人，他在当时的欧洲资本主义社会备受歧视，屈辱低贱的辛酸地位使他既不敢反抗，又不能争辩。当商业资本家和基督教的代表人物安东尼奥向他借钱时，爱财如命的夏洛克一反常态，借钱不要利息，而是要安东尼奥身上的一块白肉，可见其复仇之心。他和安东尼奥订立的"一磅肉"契约，事实上是要置对方于死地，可见其冷酷无情。莎士比亚并没有将夏洛克简单地刻画成一个贪婪的恶棍、纯粹的邪恶的化身，而是在谴责夏洛克"复仇"的同时，也描写了夏洛克所遭遇的歧视，揭示出夏洛克在"恶"的身后的"怨"和"恨"，把他塑造成一个生动复杂、有血有肉的人物形象。当他作为一个强徒恶棍时，委实让人憎恨反感；当他作为一个受尽凌辱的弱者时，又不能不让人同情怜悯；当他视钱如命时，他是一个喜剧人物；当他最后一败涂地时，又可以算是一个悲剧形象。但是，对于他作为受欺负的弱小民族的一员，又表示了深切的同情。

安东尼奥

安东尼奥是莎士比亚笔下的正面人物形象，是人文主义代表人物。在剧中，他是新兴海外贸易商业资本家。剧名就是以他的身份命名的，但他在剧中的戏份不多。他对朋友有着无尽的关怀与慷慨。虽然他有像巴萨尼奥这样亲密的朋友，但他自己没有妻子也没有情人，他性格是忧郁的。安东尼奥为了朋友的幸福，为了成全巴萨尼奥的婚事，不惜向高利贷者借钱，以致差一点失去了自己的生命。在法庭上，面对契约的合法性，面对威尼斯公爵的无能为力，面对夏洛克的无耻阴谋，他无可奈何，只能听从命运的安排；面对死亡，他具有古罗马英雄那样临危不惧、视死如归的气概，决不后悔为朋友而牺牲自己的性命。他对犹太人夏洛克的确是轻蔑蛮横的，是基督教对犹太教和犹太民族表现歧视的代表人物。但当鲍西娅扭转了庭审的局势、夏洛克的全部家财将被充公的关键时刻，他又有着基督教徒的仁慈，他反而向法庭要求对夏洛克从宽处理，体现了一个人文主义者的情怀。总之，他身上有正派、重情、温文尔雅等人文主义者为之讴歌的品质。但面对尖锐的斗争，有软弱、妥协的一面。

鲍西娅

鲍西娅是莎士比亚剧本中一个著名的女性形象，是作者极力歌颂的人文主义者理想中新式妇女的代表人物。她美丽聪慧、博学多才，又十分富有。但她的婚姻受制于父亲的遗言，面对众多的追求者，她不看重门第财富，表现出她的高尚情操与美好的心灵。当命运让她选择了贫穷但聪明坦诚的巴萨尼奥时，她无比欢快激动。在她得知安东尼奥危难的来龙去脉时，体现出她的机智勇敢、足智多谋和沉着冷静。她安排巴萨尼奥带巨款前去法庭搭救。接下来，她甘冒风险，女扮男装，装扮成律师，走上法官席断案。在法庭上，她对夏洛克的告状先扬后抑，抓住契约上的不严密之处，结果使夏洛克败诉，解决了一大群堂堂须眉束手无策的难题，使得正义伸张、邪恶败阵。鲍西娅不是靠自己法官的威势来取胜的，而是靠博学机智。她精通威尼斯法律，引经据典，处处以法律为根据，使得夏洛克节节败退，最后完全失败。她用自己的勇敢、机智与才能拯救了安东尼奥，让夏洛克得到应有的惩罚。她不但敢于斗争，而且善于斗争。她在剧本里表现得比她的丈夫巴萨尼奥、威尼斯公爵、安东尼奥等男子都精彩得多。她面对咄咄逼人的夏洛克，从容不迫，快刀斩乱麻般地解决了这件奇案。她的身上闪耀着女性觉醒的时代光彩。

巴萨尼奥

巴萨尼奥是一位风度翩翩的英俊青年，具有绅士风度，善于交际而且心胸开阔。他自己囊中羞涩，却仍保持着奢侈的生活方式。他勇敢追求爱情，又不为金匣、银匣表面的装饰所惑，认为"外观往往和事物本质不符，世人却容易为表面装饰所欺"。他选了质朴无华的铅匣子，得到了鲍西娅的爱情。他以友情为重，在安东尼奥落难时，愿意以自己的生命、自己美貌无比的妻子献给魔鬼夏洛克来拯救朋友的性命。他的正直和热心使他成为一个有血有肉的英雄。

安东尼奥和夏洛克的鲜明的人物对比：

（1）信仰不同：安东尼奥是基督教徒，夏洛克是犹太教徒。

（2）资本不同：安东尼奥是商业资本的代表，他是经营海外贸易的富商巨贾，是新兴海外贸易商业资本家；夏洛克是高利贷资本的代表，是一个贪婪、嫉妒、仇恨、残酷的放高利贷者。商业资本是新式的，敢于海外冒险，有利于商品流通，促进生产的发展。高利贷资本是旧式的，它坐收高利，不利于商业发展。

（3）人性不同：安东尼奥慷慨助人、见义勇为、重情重义，在关键时刻有着基督教徒的仁慈。夏洛克的高利贷职业决定其贪得无厌，对金钱的强烈占有欲使其变成了守财奴和吝啬鬼，成为一个没有人性的冷血动物。

安东尼奥和夏洛克两人性格的激烈碰撞，体现在剧本的第四幕第一场"法庭"场景上，这是全部剧情的高潮部分，也是剧本里最精彩的一场。

在这一场里双方斗争十分激烈，矛盾极为尖锐，剧情极为紧张，全场戏紧紧围绕合同里的"一磅肉"进行着。上半场夏洛克气焰嚣张、咄咄逼人，剧情迅速走向悲剧的一面。安东尼奥和夏洛克的形象跃然纸上。当鲍西娅上场后采取"欲擒故纵"的办法，造成假象，使夏洛克愈加得意，凶残本性暴露无遗。正当夏洛克准备动手割安东尼奥心口的肉时，鲍西娅说根据契约，夏洛克只能割肉，不能滴血，如若违反，便要受法律严惩，一下子扭转了局势。夏洛克目瞪口呆后，放高利贷者的本性彰显，立刻改变要求，愿意接受还款，照借约上的数目3倍。当鲍西娅不同意还款，照约执行时，夏洛克说只要收回本钱，官司不打了。当鲍西娅说依据威尼斯的法律，异邦人企图用直接或间接手段谋害公民，他的财产的半数应当归受害的一方所有，其余的半数没入公库，犯罪者的生命悉听公爵处置时，夏洛克哭诉说拿走了财产就是拿去了自己的命，体现一个十足的守财奴形象。安东尼奥主动代夏洛克求情，请公爵和法官从宽发落，条件是夏洛克必须信基督教及死后财产全部赠给女儿、女婿，体现了一个基督教徒的仁慈和信仰。

戏剧情节

剧本有三个相互交错的情节：一是威尼斯商人安东尼奥与放高利贷者夏洛克之间围绕"一磅肉"的契约而展开的故事为主要情节；二是以鲍西娅主仆与巴萨尼奥主仆的两对情人之间的爱情故事为次要情节；三是以夏洛克的女儿杰西卡与罗兰佐私奔为次要情节。多个情节相互交叠推动剧情发展。

通过这些情节，莎士比亚高度肯定了安东尼奥、鲍西娅以及巴萨尼奥以友情为重的人文主义思想，歌颂了以真诚的爱情为中心的具有人文主义思想的一代新人，批判了夏洛克的唯利是图、贪婪狠毒、丧失人性的放高利贷者的生活哲学，同时又对其因宗教信仰和种族偏见受尽社会歧视和欺侮的犹太民族寄予了同情。塑造了鲍西娅美丽、聪明、博学而富有正义感的一个理想的资产阶级女性形象。通过"三匣择亲"的巧妙安排，对金钱的罪恶进行了揭露。杰西卡的私奔又从另一个角度肯定了人文主义的生活理想，对金钱、门第、封建的家庭伦理道德观和婚姻观做了否定。

戏剧冲突

全剧的中心冲突是威尼斯商人安东尼奥与放高利贷者夏洛克之间的冲突。夏洛克是该剧的一个主要人物，是表现该剧主题思想不可或缺的艺术形象。他狡黠、凶狠，性格复杂多变，是戏剧冲突的一方。他对安东尼奥怀恨在心，就是因为安东尼奥借钱给人家从不收利钱，因而压低了在威尼斯放高利贷这些人的利息收入，影响了夏洛克盘剥取利。再则自己是个受歧视虐待、长期忍气吞声的犹太教徒。安东尼奥是憎恶犹太民族的，他曾在商人集会的场所当众辱骂夏洛克，所以夏洛克对安东尼奥早就有"深仇宿怨"。夏洛克坚持要割安东尼奥身上的一磅肉，却不要3000、6000块钱，甚至整个威尼斯，体现了个人、社会和民族不可调和的矛盾。

鲍西娅上场，在要不要照约执行处罚问题上，事情似乎会按夏洛克的意向发展，夏洛克兴高采烈。安东尼奥向朋友告别。就在这时，剧情急转直下，鲍西娅的"照约执行"竟使夏洛克陷入绝境，恶人终于受到惩罚。在这场尖锐的戏剧冲突中，夏洛克这个贪婪、残忍、凶狠的剥削者的形象，被鲜明生动地刻画出来了。鲍西娅智慧、勇敢、沉着的性格特征也得到了充分体现。这种大开大合、曲折有致的情节安排，显示了莎士比亚极高的艺术水平。

戏剧的艺术特色

《威尼斯商人》结构精巧，颇具匠心。它以"借债割肉"的故事为主线，以"三匣择婿"和"卷款私奔"的故事为副线，三条线索在"法庭"一场中会合，把剧情推向高潮。整场戏写得波澜起伏、峰回路转、扣人心弦。

莎士比亚运用浪漫主义手法，设置了鲍西娅的父亲要求女儿的婚事要用"三匣择婿"的办法来决定的环节，在不定的婚姻命运中，形成欢喜的结局。还有鲍西娅的女扮男装充任律师、"指环"插曲等，情节喜悦浪漫，剧情夸张离奇。"一磅肉"的契约内容很离奇，"一磅肉"契约的官司法庭上争议很奇特。鲍西娅与尼莉莎女扮男装和丈夫同时出庭，丈夫却不明真相。剧中巧用对比，有仁慈与残忍、友谊与仇恨、复仇与报应、宽容与凶残、善良与邪恶的尖锐对立。还有交替出现威尼斯和贝尔蒙特的场景，威尼斯是世俗的、尔虞我诈、弱肉强食的世界，而贝尔蒙特是一个世外桃源，有花、有月、有和谐，充满了诗情画意的理想世界。浪漫主义的"幻想世界"（贝尔蒙特）与现实主义的"真实世界"（威尼斯）形成了鲜明的对比和巧妙的结合，加强了艺术感染力；喜剧的气氛与悲剧的浓重色彩给观众以不同的美感享受，两者水乳交融、和谐统一，充分体现出莎士比亚戏剧情节的生动性和丰富性。

莎士比亚从人文主义出发，描绘了封建社会和资本主义社会中的典型人物的特点，通过富商大贾安东尼奥、放高利贷者夏洛克，希望得到嫁妆致富的求婚者巴萨尼奥等人物，揭露了这个社会的罪恶：贪婪、恶毒、残暴、种族偏见、拜金主义、不讲道义。既批判了夏洛克唯利是图的本质，表现金钱对传统社会关系所起的破坏作用，又对他所遭受的不公平种族歧视寄予同情，全剧宣扬了仁爱、友谊、爱情、财富等的人文主义理想。

剧本结尾，以充满音乐、月光和爱情的贝尔蒙特与充满尔虞我诈、自私冷酷的威尼斯做鲜明对比，同样隐含着莎士比亚对资本主义所带来的种种罪恶的批判，表露出莎士比亚对人文主义理想的执着，其中也不无劝善惩恶的道德含义。

附录

莎士比亚生平及创作年表

1564　4月23日，威廉·莎士比亚出生在埃文河畔的斯特拉福镇一个富裕的市民家中，在此度过童年和少年时代。

1571　7岁的莎士比亚在文法学校读书。

1577　莎士比亚辍学。

1582　11月28日，18岁的莎士比亚和安妮·哈瑟维结婚。

1583　5月25日，莎士比亚的女儿苏珊娜接受洗礼。

1585　2月2日，莎士比亚的儿子哈姆涅特和女儿朱迪思接受洗礼。

1586　离开家乡，奔赴伦敦。

1587　莎士比亚来到伦敦。

1590　莎士比亚创作了《亨利六世》中、下篇。

1591　莎士比亚创作了《亨利六世》上篇。

1590—1592　《亨利六世》公演。

1592　伦敦大部分剧院由于瘟疫蔓延而关闭，莎士比亚转为在家创作。

1592—1593　莎士比亚创作《错误的喜剧》《理查三世》，作为演员和剧作家，他此时已经有了名气。

1593　叙事长诗《维纳斯与阿多尼斯》出版。

1594　叙事长诗《鲁克丽丝受辱记》出版。

1593—1594　莎士比亚创作《泰特斯·安德洛尼克斯》和《驯悍记》，并
　　　　成为宫内大臣剧团中的一员。

1594　莎士比亚创作《爱的徒劳》。

1594—1595　莎士比亚创作《罗密欧与朱丽叶》《维洛那二绅士》。

1595—1596　莎士比亚创作《仲夏夜之梦》《理查二世》。

1596　莎士比亚的儿子哈姆莱特去世。

1596—1597　莎士比亚创作了《约翰王》《威尼斯商人》。

1597　莎士比亚买下了雅芳河畔斯特拉福第二大房子。

1597—1598　莎士比亚创作《亨利四世》上、下篇。

1598　莎士比亚创作《温莎的风流娘儿们》。

1598—1599　莎士比亚创作《亨利五世》《无事生非》。他作为剧团股东
　　　　同其他人合建了环球剧场。

1599—1600　莎士比亚创作《皆大欢喜》《第十二夜》《裘力斯·恺撒》。

1601　莎士比亚创作《哈姆雷特》。

1602　莎士比亚创作阴暗喜剧《特洛伊罗斯与克瑞西达》。

1602—1603　莎士比亚创作阴暗喜剧《终成眷属》。

1603　女王伊丽莎白逝世。詹姆士一世登基，授予"宫廷大臣剧团"皇家
　　　　标志，并改名为"国王供奉剧团"。同年，剧院由于瘟疫而关闭。

1604—1605　莎士比亚创作阴暗喜剧《一报还一报》和悲剧《奥赛罗》。

1605—1606　莎士比亚创作《李尔王》《麦克白》。剧院由于瘟疫而关闭。

1607　莎士比亚创作《安东尼与克莉奥佩特拉》《雅典的泰门》。
　　　　苏珊娜·莎士比亚与约翰·霍尔结婚。同年，剧院由于瘟疫而关闭。

1608　莎士比亚创作传奇剧《泰尔亲王佩里克里斯》。莎士比亚的孙女伊

丽莎白·霍尔出生。

约 1607—1609　莎士比亚创作《科利奥兰纳斯》。

1609　《十四行诗》出版。剧团增加了"黑衣修士剧场"。同年，剧院由于瘟疫而关闭。

1609—1610　莎士比亚创作传奇剧《辛白林》。

1610　剧院由于瘟疫而关闭。

1610—1611　莎士比亚创作传奇剧《冬天的故事》。

1611—1612　莎士比亚创作传奇剧《暴风雨》和历史剧《亨利八世》。莎士比亚离开伦敦的寓所，返回斯特拉福镇。

1613　环球剧场在上演《亨利六世》时，被一场大火烧成灰烬。

1616　4 月 23 日，莎士比亚与世长辞。

参考文献

1.吴舜立. 外国文学教程［M］. 西安：陕西师范大学出版社，2009.

2.王忠祥. 外国文学史［M］. 武汉：华中师范大学出版社，2010.

3.金元浦. 外国文学阅读与欣赏［M］. 北京：首都师范大学出版社，2008.

4.刘厚生，谭霈生. 中国大百科全书（戏剧）［M］. 北京：中国大百科全书出版社，1989.

5.陈应祥，傅希春，王慧才. 外国文学［M］. 北京：高等教育出版社，2009.

6.刘舸. 新编外国文学史［M］. 北京：教育科学出版社，2009.

7.陈翰笙.外国著名文学艺术家［M］. 北京：商务印书馆，1985.

8.［英］尼尔·麦克格雷格.莎士比亚的动荡世界[M].范浩，译.郑州：河南大学出版社，2016.

9.刘文杰，郑永茂.莎士比亚十四行诗思想研究[M].广州：中山大学出版社，2016.